Eigentumswohnung

Selbst nutzen, verwalten, vermieten

Mascha Valentin

© 2012, Verbraucherzentrale NRW, Düsseldorf
2., aktualisierte Auflage, 9.–16.000 Exemplare

Verbraucherzentrale Nordrhein-Westfalen
ISBN 978-3-86336-001-6
Printed in Germany

Ihre eigene Wohnung

Viele Menschen träumen davon, einmal in den eigenen vier Wänden zu leben – eine Eigentumswohnung ist eine Möglichkeit, diesen Traum Wirklichkeit werden zu lassen. Die meisten Kaufwilligen machen sich Gedanken darüber, wie sie eine geeignete Wohnung finden und den Kauf finanzieren. Selten wird jedoch vorher überlegt, wie es nach dem Kauf weitergeht. Die Wohnung gehört dann zwar Ihnen, ist aber gleichzeitig Teil einer Wohnanlage. Sie wohnen also mit den anderen Miteigentümern oder deren Mietern unter einem Dach. Außerdem sind Sie mitverantwortlich dafür, dass die Wohnanlage ordnungsgemäß verwaltet wird. Bevor Sie sich Ihren Traum erfüllen und eine Eigentumswohnung erwerben, sollten Sie sich deshalb zumindest Grundkenntnisse über die Verwaltung und die rechtlichen Regeln des Zusammenlebens in einer Wohnanlage aneignen. Das gilt auch für den Fall, dass Sie Ihre Eigentumswohnung vermieten möchten.

Viele Fragen können Sie bereits im Vorfeld klären und so Enttäuschungen vermeiden. Dabei unterstützt Sie dieses Buch. Es bespricht die Rollenverteilung und den Alltag innerhalb einer Eigentümergemeinschaft. Außerdem werden einige praxisrelevante Aspekte der Vermietung einer Eigentumswohnung erläutert und die wesentlichen Unterschiede zwischen mietrechtlichen und wohnungseigentumsrechtlichen Regelungen aufgezeigt. Dabei ist zu beachten, dass mit der Reform des Wohnungseigentumsgesetzes zum 1. Juli 2007 einige Änderungen in Kraft getreten sind. Diese Änderungen verschaffen der Eigentümergemeinschaft mehr rechtliche Autonomie und stärken ihre Entscheidungsfähigkeit und Handlungskompetenz. Außerdem wird die Verwaltung einer Wohnanlage erleichtert. Die erweiterten Möglichkeiten sind jedoch auch mit einer größeren Verantwortung der Eigentümergemeinschaft verbunden. Das Buch hilft Ihnen dabei, dieser Verantwortung gerecht zu werden.

Wenn Menschen auf begrenztem Raum zusammenleben, sind Konflikte programmiert. Das gilt auch für Eigentümergemeinschaften. Denn jeder hat andere Vorstellungen über die Verwaltung und das Zusammenleben innerhalb der Anlage: Wenn Sie selbst dort wohnen, verfolgen Sie andere Ziele als ein Miteigentümer, der die Wohnung nur gekauft hat, um Geld anzulegen. Doch es geht auch anders: In vielen Gemeinschaften läuft die Lösung von Interessenkonflikten so ab, dass man danach „noch miteinander reden kann". Oft reicht es schon aus, einige wenige Grundprinzipien zu beachten.

Es ist beispielsweise wichtig, dass innerhalb der Gemeinschaft klare und handhabbare Regelungen bestehen, insbesondere Teilungserklärung, Gemeinschaftsordnung und Hausordnung, und diese jedem Beteiligten bekannt sind. Alle sollten über ihre Rechte und Pflichten sowie über deren Grenzen Bescheid wissen. Zusätzlich kann ein erfahrener und kompetenter Verwalter viel dazu beitragen, Auseinandersetzungen zu vermeiden. Streit gibt es beispielsweise immer wieder um die Frage, in welchem Umfang das gemeinschaftliche Eigentum genutzt werden kann, etwa ob ein Kinderwagen oder ein Fahrrad im Treppenhaus abgestellt werden darf. Auch bauliche Veränderungen führen innerhalb der Gemeinschaft häufig zu Diskussionen, beispielsweise darüber, ob ein Eigentümer an seinem Balkon eine Verglasung anbringen kann. Oft ist die Lösung solcher Konflikte einfach nur eine Frage der Kommunikation. Die Nachbarn sind vielleicht durchaus damit einverstanden, dass Sie Ihr Fahrrad im Treppenhaus abstellen, wenn Sie vorher höflich um Erlaubnis bitten.

Nur wenn innerhalb der Gemeinschaft alle freundlich und respektvoll miteinander umgehen, werden Sie es wirklich genießen, in Ihren eigenen vier Wänden zu leben. Deshalb beantwortet Ihnen das vorliegende Buch alle wichtigen Fragen zu den Rechten und Pflichten, die Sie als Wohnungseigentümer haben.

Wenn Sie noch zweifeln, ob Sie eine Eigentumswohnung erwerben sollen, können Sie sich in einem weiteren Ratgeber der Verbraucherzentrale informieren. In „Eigentumswohnung: Auswahl und Kauf" erhalten Sie wertvolle Orientierungshilfe und wichtige Hinweise für die praktisch relevanten Punkte beim Kauf.

Inhalt

Der Wohnungseigentümer
Rechte und Pflichten

Viele Käufer denken, dass sie mit ihrer eigenen Wohnung machen können, was sie wollen. Doch ganz so einfach ist es nicht. Es gibt einige Regelungen und Gesetze, die Sie als Eigentümer beachten müssen. In vielen Fällen sollten Sie vorab klären, ob Sie mit Ihrem Vorhaben gegen bestehende Vorschriften verstoßen oder nicht: Können Sie einen Wintergarten ohne das Einverständnis der anderen Miteigentümer anbringen? Dürfen Sie Ihre Eigentumswohnung für gewerbliche Zwecke vermieten? Im folgenden Kapitel klären wir Fragen dieser Art.

Grundsätzliches zu Ihrer Stellung als Wohnungseigentümer

Als Wohnungseigentümer haben Sie eine Reihe von Rechten und Pflichten, die sich zum einen aus Ihrer Stellung als Eigentümer der Wohnung selbst ergeben, also das Sondereigentum betreffen. Zum anderen entstehen sie aus Ihrer Rolle als Miteigentümer des Grundstücksanteils sowie des gemeinschaftlichen Eigentums am Gebäude. Diese Rechte und Pflichten beziehen sich also auf das Gemeinschaftseigentum.

Die Rechte aus dem Sondereigentum erlauben Ihnen, Ihre Wohnung als alleiniger Eigentümer nach Belieben zu nutzen. Insbesondere steht es Ihnen frei, sie selbst zu bewohnen, zu vermieten, zu verpachten oder in sonstiger Weise zu gebrauchen. Als Eigentümer sind Sie darüber hinaus berechtigt, Dritte von störenden

Pflichten

- Instandhaltung
- Wahrung der Rechte Dritter
- Duldung bestimmter Einwirkungen
- Bindung an Teilungserklärung und Gemeinschaftsordnung

Rechte

- Eigennutzung
- Vermietung oder Verpachtung
- Mitgebrauch des Gemeinschaftseigentums
- Ausschluss störender Einwirkungen

Einwirkungen auf Ihr Sondereigentum auszuschließen. Sie können also beispielsweise verlangen, dass Lärmstörungen durch andere Miteigentümer oder Nachbarn unterlassen werden.

Dieses Nutzungsrecht entspringt aus dem Eigentum, wird jedoch durch gesetzliche Bestimmungen und Rechte Dritter beschränkt. Von Bedeutung sind die Vorschriften im Wohnungseigentumsgesetz. Diese regeln das Verhältnis der Wohnungseigentümer untereinander und enthalten Beschränkungen, die für ein einvernehmliches Zusammenleben mehrerer Parteien notwendig sind. Sie sind beispielsweise verpflichtet, Ihre Wohnung so instand zu halten und in einer solchen Weise zu nutzen, dass dadurch keinem der anderen Miteigentümer ein unzumutbarer Nachteil erwächst. Entsprechendes gilt für die Nutzung des gemeinschaftlichen Eigentums, zum Beispiel von Trockenräumen, Pkw-Abstellplätzen, Kinderspielplätzen oder des Fahrradkellers. Darüber hinaus haben Sie dafür zu sorgen, dass diese Pflichten auch von denjenigen Personen eingehalten werden, die in Ihrer Wohnung leben oder denen Sie Ihre Wohnung, etwa als Vermieter, überlassen haben. Außerdem haben Sie bestimmte Einwirkungen auf Ihr Sondereigentum zu dulden, soweit sie sich im Rahmen des zulässigen Gebrauchs halten. **Beispiel:** In der Nachbarwohnung wird im zulässigen Rahmen musiziert.

Als Wohnungseigentümer müssen Sie dafür sorgen, dass sich auch Dritte, denen Sie die Wohnung überlassen (zum Beispiel Mieter), an die Regeln halten.

Schließlich müssen Sie zulassen, dass Ihre Wohnung für Instandhaltungs- und Instandsetzungsmaßnahmen des gemeinschaftlichen Eigentums betreten und benutzt wird, zum Beispiel wenn Handwerker bei Dachreparaturen eine Dachwohnung betreten müssen. Soweit Ihnen als Wohnungseigentümer hieraus ein Schaden entsteht, etwa durch Verschmutzungen, muss er Ihnen von der Eigentümergemeinschaft ersetzt werden.

Einschränkungen Ihrer Befugnisse ergeben sich in der Praxis häufig aus den Gebrauchs- und Nutzungsregelungen der Teilungserklärung und der Gemeinschaftsordnung. Insbesondere die Gemeinschaftsordnung kann Ihre Rechte als Wohnungseigentümer erheblich beeinträchtigen. So kann dort beispielsweise geregelt sein, dass das Sonder- oder Teileigentum nicht gewerblich genutzt werden darf. Aus diesem Grund sollten Sie vor dem Kauf einer

Eigentumswohnung unbedingt einen Blick in die Teilungserklärung sowie in die Gemeinschaftsordnung werfen.

Weitere Nutzungsrechte ergeben sich aus Ihrer Stellung als Miteigentümer des gemeinschaftlichen Eigentums. Unter dem gemeinschaftlichen Eigentum versteht man diejenigen Gebäude- und Grundstücksteile, die nicht zum Sondereigentum zählen. Also beispielsweise:

- Treppenhäuser,
- Heizungsanlagen,
- gemeinschaftliche Trocken- oder Waschräume,
- Fahrradkeller.

Während Sie als Sondereigentümer der Wohnung zur alleinigen Nutzung berechtigt sind, steht Ihnen – wie auch den anderen Eigentümern – beim gemeinschaftlichen Eigentum lediglich ein Recht zum Mitgebrauch zu. Befindet sich beispielsweise in der Anlage ein gemeinschaftliches Schwimmbad, so sind Sie lediglich dazu berechtigt, diese Einrichtung mitzubenutzen. Auch beim gemeinschaftlichen Eigentum sind gesetzliche Beschränkungen sowie die Gebrauchs- und Nutzungsregelungen der Gemeinschaftsordnung zu beachten.

Als Miteigentümer steht Ihnen außerdem das Recht zu, an den Einkünften beteiligt zu werden, die sich aus der Nutzung des gemeinschaftlichen Eigentums ergeben. Die Höhe richtet sich nach dem Umfang Ihres Miteigentumsanteils. Beispiel: Die Gemeinschaft beschließt, Tiefgaragenstellplätze an Dritte zu vermieten. Als Miteigentümer

---

Teilungserklärung
begründet das Wohnungs- bzw. Teileigentum. Das Eigentum an einem Grundstück wird durch den bisherigen Alleineigentümer beim Grundbuchamt in Miteigentumsanteile aufgeteilt. Mehr zur Teilungserklärung finden Sie auf Seite 15.

Teil- bzw. Wohnungseigentum
sind Räume eines Gebäudes, die im Sondereigentum stehen. Wohnungseigentum darf nur zu Wohnzwecken, Teileigentum auch zu gewerblichen und beruflichen Zwecken genutzt werden.

Miteigentumsanteile
sind die Anteile, mit denen jeder Wohnungs- oder Teileigentümer am gemeinschaftlichen Eigentum beteiligt ist.

Sondereigentum
ist das alleinige Eigentum an einer Wohnung. Mehr zum Sondereigentum finden Sie ab Seite 13.

haben Sie einen Anspruch darauf, einen Teil der erzielten Mieteinnahmen zu erhalten. Allerdings können Sie von den Mietern nicht
verlangen, dass die Zahlungen direkt an Sie persönlich erfolgen,
sondern lediglich an die Wohnungseigentümergemeinschaft in
ihrer Gesamtheit. Ein weiteres, in der Praxis häufig vorkommendes
Beispiel, betrifft die Zinserträge aus gemeinschaftlich angelegten
Geldern, etwa für die Instandhaltungsrücklage. Auch hier sind Sie
in Höhe Ihres Miteigentumsanteils an den Erträgen zu beteiligen.

Zu Ihren Pflichten als Wohnungseigentümer gehört zunächst die
sogenannte Instandhaltungspflicht: Wie bereits erwähnt, müssen
Sie Ihr Sondereigentum in einem solchen Zustand erhalten, dass
für die übrigen Miteigentümer keine unzumutbaren Nachteile
entstehen. Auch die damit verbundenen Kosten müssen Sie übernehmen. Wenn Sie also in Ihrer Wohnung ein neues Bad einbauen
oder neue Heizkörper installieren lassen, geht dies auf Ihre Rechnung. Wenn Sie die Instandhaltungspflicht nicht befolgen, führt
das zu Schadenersatzansprüchen der übrigen Miteigentümer
Ihnen gegenüber. In der Praxis betrifft das häufig den Innenan-
strich von Fensterrahmen. Wenn Sie keine Instandhaltungsmaßnahmen durchführen und der Rahmen beschädigt wird, haben Sie
als Miteigentümer die Kosten für den Austausch des beschädigten
Rahmens zu tragen. Da die Fensterrahmen üblicherweise im Gemeinschaftseigentum stehen, ist Schadenersatz an die Gemeinschaft zu leisten.

**Die Kosten der Instand-
haltung des Sonder-
eigentums müssen Sie
allein tragen.**

Als weitere Pflicht besteht die bereits angesprochene Gebrauchs-
pflicht: Ein Wohnungseigentümer soll von seinen Rechten so Gebrauch machen, dass die übrigen Miteigentümer hierdurch nicht
unvermeidlich benachteiligt werden. Ebenso gibt es Duldungs-
pflichten. **Beispiel:** Handwerkern, einem Architekten, dem Verwalter etc. muss Zutritt zur Wohnung gewährt werden.

Tipp

Verschaffen Sie sich frühzeitig einen Überblick, in
welchem Umfang Sie zur
Instandhaltung verpflichtet
sind. Sprechen Sie in Zwei-
felsfällen den Verwalter an.

Abgrenzung zwischen Gemeinschafts- und Sondereigentum

Am Beispiel der Instandhaltungspflicht von Fensterrahmen sehen Sie schon, wie wichtig die Unterscheidung von Gemeinschafts- eigentum und Sondereigentum ist. Während Sie für die Instand- haltung Ihres Sondereigentums allein verantwortlich sind, fallen Instandhaltung und -setzung des gemeinschaftlichen Eigentums in die Zuständigkeit der Gemeinschaft. Entscheidungen, die Ihr Son- dereigentum betreffen, können Sie also unabhängig von den Vor- stellungen Ihrer Miteigentümer treffen. Über Sanierungsarbeiten am gemeinschaftlichen Eigentum muss hingegen die Eigentümer- gemeinschaft per Beschluss entscheiden. Entsprechend verhält es sich mit der Kostenverteilung: Bei Instandsetzungsarbeiten am ge- meinschaftlichen Eigentum fallen die Kosten der Gemeinschaft zur Last und müssen entsprechend dem jeweiligen Miteigentumsanteil auf die Miteigentümer umgelegt werden. Durch eine Regelung in der Teilungserklärung kann auch vereinbart werden, dass die Kos- tenverteilung nach anderen Maßstäben, zum Beispiel der Wohn- fläche, erfolgt. Die Unterscheidung zwischen Gemeinschafts- und Sondereigentum ist außerdem relevant für:

Die Zulässigkeit baulicher Veränderungen

Während es Ihnen innerhalb Ihrer Wohnung grundsätzlich frei- steht, bestimmte Maßnahmen zu veranlassen, können Sie über bauliche Veränderungen des Gemeinschaftseigentums nicht allein entscheiden. Hierzu bedarf es wiederum eines Beschlusses der Gemeinschaft. Beispiel: Wenn Sie in Ihrer Wohnung einen Durch- bruch zumauern möchten, benötigen Sie hierzu nicht die Zustim- mung der übrigen Miteigentümer. Möchten Sie hingegen auf einem gemeinschaftlichen Pkw-Abstellplatz eine Absperrung anbringen, so fällt dieses Vorhaben in die Zuständigkeit der Gemeinschaft, die hierüber zu beschließen hat.

Den Erlass von Gebrauchs- und Nutzungsregelungen

Derartige Regelungen können sich immer nur auf das gemeinschaftliche Eigentum beziehen. Die Gemeinschaft ist grundsätzlich nicht befugt, die Nutzung von Sondereigentum zu regeln. Sie
könnte beispielsweise nicht wirksam per Beschluss verbieten, in
den Wohnungen zu rauchen. Eine derartige Regelung für einen
gemeinschaftlichen Raum – etwa Hobbyraum oder Schwimmbad –
wäre grundsätzlich zulässig.

Die Verkehrssicherungspflichten

Verletzt sich im Bereich der Anlage beispielsweise ein Besucher
durch eine schadhafte Treppe, stellt sich die Frage, wer dafür aufzukommen hat. Handelt es sich um eine Treppe im gemeinschaftlichen Treppenhaus, ist die Gemeinschaft verkehrssicherungs-
pflichtig und haftet dem Geschädigten auf Schadenersatz und
Schmerzensgeld. Entsteht ein solcher Unfall aber auf der Treppe
einer Maisonettewohnung im Dachgeschoss, trifft die Verkehrssi-
cherungspflicht den Eigentümer der Wohnung. Dementsprechend
hat er allein für den entstandenen Schaden aufzukommen.

Die Versicherungspflichten

Die Versicherung gemeinschaftlicher Gebäudeteile ist Sache der
Gemeinschaft und die jeweiligen Prämien werden anteilig umgelegt. Anders verhält es sich mit der Versicherung des Sondereigentums, für die allein der jeweilige Eigentümer verantwortlich ist.

Welche Gebäudebestandteile gehören zum Gemeinschaftseigentum und welche zum Sondereigentum?

Es werden zwei Arten von Sondereigentum unterschieden: Wohneigentum und Teileigentum. Wohneigentum sind Räume des Sondereigentums, die nur zu Wohnzwecken genutzt werden dürfen.
Der Begriff Teileigentum bezeichnet hingegen Räume des Sondereigentums, die auch gewerblich oder beruflich genutzt werden
können, zum Beispiel eine Garage, ein Laden- oder Hobbyraum.

Die Abgrenzung zwischen Sondereigentum und Gemeinschaftseigentum ist von zentraler Bedeutung innerhalb einer Eigentümergemeinschaft.

Häufig wird einfach nur der Begriff Sondereigentum verwendet, um beide Arten zu bezeichnen.

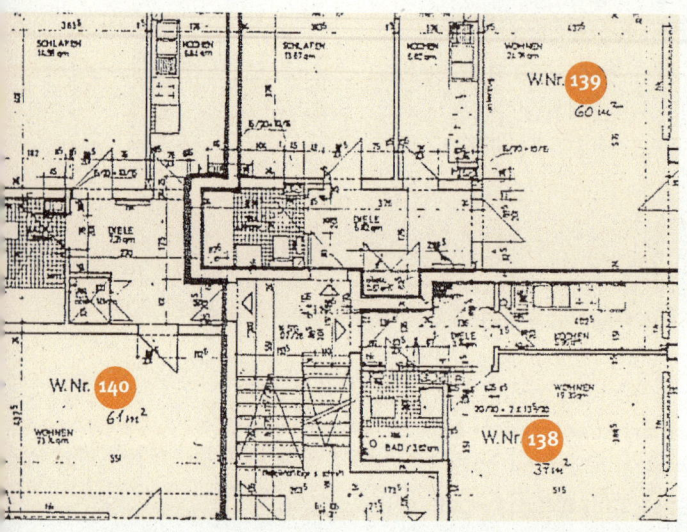

Ausschnitt aus einem Aufteilungsplan, die Wohnungsnummern sind in orange hervorgehoben.

Zum Sondereigentum gehören diejenigen Räume und Gebäudeteile, die in der sogenannten Teilungserklärung ausdrücklich dazu bestimmt werden. Die Teilungserklärung hat zwei Bestandteile. Neben der schriftlichen Beschreibung des Sondereigentums im Text – zum **Beispiel**: „die Wohnung im Erdgeschoss links mit der Wohnungsnummer 140" – wird die entsprechende Wohnung im Aufteilungsplan gekennzeichnet. Dieser gehört ebenfalls zur Teilungserklärung. Im Grundrissplan der Wohnung wird in jedes Zimmer die Wohnungsnummer eingefügt, die sich aus der Teilungserklärung ergibt. Meist wird die Nummer in einen Kreis gesetzt. Wenn Sie die Teilungserklärung einsehen, können Sie also leicht feststellen, welche Räume im Einzelnen zu einer Wohnung gehören. Sie können daraus beispielsweise auch entnehmen, ob und inwieweit zu einer Dachgeschosswohnung eine Dachabstellkammer gehört oder nicht.

Eine gewisse Einschränkung macht das Wohnungseigentumsgesetz für das Sondereigentum in folgenden Fällen: Räume und Gebäudebestandteile können nur insoweit Sondereigentum sein, als sie verändert, beseitigt oder eingefügt werden können, ohne dass dadurch
■ das gemeinschaftliche Eigentum,
■ das Sondereigentum eines anderen Miteigentümers,
■ die äußere Gestaltung des Gebäudes verändert wird.

Diese Regelung klingt kompliziert, wird aber durch ein Beispiel schnell verständlich: Obgleich der Balkon einer Eigentumswohnung im Sondereigentum steht, ist es dem jeweiligen Wohnungseigentümer nicht erlaubt, den Balkon in einen Wintergarten umzuwandeln, indem er eine Verglasung anbringt. Denn diese würde

Gebäudebestandteile im Gemeinschaftseigentum

Abwasserkanal, das Gemeinschaftseigentum endet jedoch dort, wo der Kanal in das Sondereigentum abzweigt

Antennenanlagen, hierzu zählt neben den Gemeinschaftsantennen auch der Anschluss fürs Fernsehkabel

Aufzug

Außenputz

Außenwand

Balkonstützen

Böden zwischen zwei Wohnungen als konstruktive Bestandteile des Gebäudes sind zwingend gemeinschaftliches Eigentum

Briefkasten- und Klingelanlage

Dach, inklusive Dachbelag sowie Dachinnenhaut

Dachfenster

Dachkonstruktion ist gemeinschaftliches Eigentum, da sie der Stabilität und Sicherheit des Gebäudes dient

Dachrinnen und Regenfallrohre

Fenster

Garten wobei an einzelnen Gartenflächen, zum Beispiel Terrassen, Sondernutzungsrechte begründet werden können

Gemeinschaftsräume beispielsweise Hobbyräume, Fahrradkeller, Geräteräume, Wasch- und Trockenräume

Hauptversorgungsleitungen für Wasser, Abwasser, Strom, Heizung, Gas und Telefon zählen jeweils bis zur Abzweigung ins Sondereigentum zum Gemeinschaftseigentum

Haussprechanlage

Heizkörperventil, anders als die Heizkörper selbst, die in der Regel zum Sondereigentum gezählt werden

Heizungsanlage

Heizungs- und Tankraum

Hofflächen

Kamin, bis zum Eintritt in das Sondereigentum

Kfz-Abstellplätze, die jedoch auch als Sondereigentum ausgebildet sein oder durch Begründung von Sondernutzungsrechten einer Wohnung zugeordnet werden können

Leuchtreklame an Hauswand oder Dach

Luftschächte

Markisen

Mauerwerk, tragende Wände

Müllschlucker

Schwimmbad und Sauna sind in den allermeisten Fällen gemeinschaftliches Eigentum, können aber auch als Sondereigentum eingestuft werden

Speicherräume sind üblicherweise gemeinschaftliches Eigentum, können aber in der Teilungserklärung auch zum Sondereigentum erklärt werden,

Türen: die Wohnungsabschlusstüren stehen im gemeinschaftlichen Eigentum, Türen innerhalb der Wohnung zählen grundsätzlich zum Sondereigentum

Verbrauchserfassungsgeräte, zum Beispiel Gasuhren, Wärmemengenzähler, Wasseruhren und Heizkostenverteiler

die äußere Gestaltung des Gebäudes verändern und ist daher unzulässig. Ebenso wenig darf ein Wohnungseigentümer innerhalb der Wohnung tragende Wände herausreißen oder versetzen, weil diese grundsätzlich im gemeinschaftlichen Eigentum stehen.

Gebäudeteile, die nicht zum Sondereigentum zählen, fallen automatisch ins Gemeinschaftseigentum.

Diejenigen Gebäudeteile, die für den Bestand oder die Sicherheit des Gebäudes erforderlich sind, zum Beispiel die Dachinnenhaut, gehören nicht zum Sondereigentum. Entsprechendes gilt für Anlagen und Einrichtungen des Gebäudes, die dem gemeinschaftlichen Gebrauch der Wohnungseigentümer dienen. **Beispiel:** Obwohl sich die Heizkörper innerhalb der Wohnung befinden und in der Regel zum Sondereigentum zählen, darf der jeweilige Wohnungseigentümer nicht eigenmächtig zusätzliche oder andersartige Heizkörper anbringen. Derartige Eingriffe können zu Störungen des Heizungssystems führen, beispielsweise kann der Verbrauch nicht mehr korrekt ermittelt oder es können andere Wohnungen nicht mehr ausreichend beheizt werden. Das Heizungssystem gehört zu denjenigen Einrichtungen, die dem Gebrauch der Wohnungseigentümer dienen und die deshalb nicht durch einzelne Eigentümer verändert werden dürfen.

Wenn Sie bei der Zuordnung eines Gebäudeteils zum Sondereigentum unsicher sind, sollten Sie die Teilungserklärung zurate ziehen.

Die Unterscheidung zwischen Sonder- und Gemeinschaftseigentum ist in der Praxis nicht immer unproblematisch. Das gilt besonders für die Frage, wer bestimmte Kosten zu tragen hat. Es kommt also darauf an zu wissen, in welche Kategorie ein bestimmter Gebäudebestandteil fällt. Entscheidend sind immer die Regelungen der Teilungserklärung, in welcher die Zuordnung einzelner Gebäudeteile zum Sondereigentum vorgenommen wird. Um Ihnen einen ersten Anhaltspunkt zu geben, finden Sie in der Übersicht auf Seite 17 eine Reihe von Gebäudebestandteilen, die üblicherweise zum Gemeinschaftseigentum gezählt werden. Soweit sie auch zum Sondereigentum gehören können, wird dies angemerkt.

Nachdem das Sondereigentum definiert ist, lässt sich der Umfang des Gemeinschaftseigentums einfach bestimmen: Dazu gehört zunächst das Grundstück, auf dem sich das Gebäude befindet. Außerdem zählen zum Gemeinschaftseigentum all diejenigen Teile, Anlagen und Einrichtungen des Gebäudes, die nicht im Sondereigentum stehen.

Berufliche Nutzung einer Eigentumswohnung

Wenn es um die Frage der zulässigen Nutzung des Sondereigentums geht, muss zunächst geklärt werden, ob sich ein bestimmter Gebäudeteil im Sonder- oder im Gemeinschaftseigentum befindet. Dann erst kann der genaue Umfang der Nutzungsbefugnisse eines einzelnen Miteigentümers bestimmt werden.

Inwieweit das Sondereigentum genutzt werden kann, regeln in erster Linie die Bestimmungen der Teilungserklärung bzw. der Gemeinschaftsordnung. Wird eine Einheit dort als „Wohneigentum" beschrieben, darf sie grundsätzlich nur zu Wohnzwecken genutzt werden. In der Praxis wird häufig diskutiert, ob außerdem noch der Gebrauch zu beruflichen oder gewerblichen Zwecken zulässig ist. Hierbei kommt es immer auf die konkreten Umstände des Einzelfalls an. Die Gerichte lassen jedoch häufig andere Nutzungen zu, sofern von diesen keine zusätzlichen Störungen zu erwarten sind. Allerdings genügt bereits die Möglichkeit zusätzlicher Störungen, um eine anderweitige Nutzung unzulässig zu machen. So ist es beispielsweise nicht erlaubt, einen Friseursalon zu betreiben, da durch den Kundenverkehr Störungen hervorgerufen werden. Anders wurde hingegen im Fall einer Anwaltskanzlei oder eines Architekturbüros entschieden, da der dort auftretende Besucherverkehr dem einer Wohnung entspreche.

Um sich zu orientieren, finden Sie hier einige Beispiele, wie die Gerichte in der Vergangenheit derartige Fragen entschieden haben:

Tipp

In welchem Umfang Sie eine Wohnung zu beruflichen Zwecken nutzen dürfen, sollten Sie unbedingt vor dem Erwerb der Wohnung prüfen (lassen).

Zulässig ist der Betrieb

- einer Krankengymnastikpraxis,
- eines Ingenieurbüros,
- einer Steuerberaterpraxis,
- einer Versicherungsagentur,
- einer Zahnarztpraxis.

Unzulässig ist

- die Nutzung einer Wohnung als heimähnliche Einrichtung zur Betreuung Jugendlicher,
- der Betrieb einer Kindertagesstätte,
- die Nutzung einer Wohnung als Sauna, Bordellbetrieb etc.

Wird eine Wohnung in unzulässiger Weise genutzt, bestehen Unterlassungsansprüche. Diese können sowohl von einem einzelnen Miteigentümer als auch von der Eigentümergemeinschaft geltend gemacht werden. Es ist möglich, Unterlassungsansprüche sowohl gegen den jeweiligen Miteigentümer als auch gegen den Mieter der Wohnung direkt zu erheben.

Beispiel

Der Mieter einer Erdgeschosswohnung betreibt in dieser einen Spielsalon. Unterlassungsansprüche können sowohl gegen den Mieter als auch gegen den vermietenden Wohnungseigentümer geltend gemacht werden.

Wie man konkret vorgeht, hängt von den Umständen des Einzelfalls ab und sollte vorher mit einem Anwalt geklärt werden. Der Vorteil eines Urteils gegen den Miteigentümer besteht darin, dass er dadurch daran gehindert wird, mit einem anderen Mieter denselben Verstoß noch einmal zu begehen. Erfolgt eine Entscheidung nur gegen den Mieter, wäre die Gemeinschaft gezwungen, bei einem gleich gelagerten Verstoß des nächsten Mieters erneut zu klagen.

Bauliche Veränderungen

Ob bauliche Veränderungen zulässig sind – und unter welchen Voraussetzungen –, spielt im Alltag einer Eigentümergemeinschaft eine bedeutende Rolle und bietet Stoff für viele Konflikte. Streit gibt es meist darüber, in welchem Umfang die übrigen Wohnungseigentümer einzubeziehen sind.

Unter einer baulichen Veränderung ist eine Maßnahme zu verstehen, die
- auf Dauer angelegt ist,
- nach Entstehung des Wohnungseigentums erfolgen soll,
- zu einer Veränderung eines gemeinschaftlichen Gebäudeteils führen soll,
- über die ordnungsgemäße Instandhaltung und Instandsetzung hinausgeht.

In diesem Zusammenhang werden viele Diskussionen geführt. Je nach Interessenlage haben die einzelnen Miteigentümer unterschiedliche Vorstellungen über ihre Befugnisse innerhalb der Gemeinschaft. Profitiert jemand von einer geplanten Maßnahme, neigt er dazu, eine Alleinentscheidungsbefugnis für bestimmte Schritte anzunehmen. Die anderen Miteigentümer meinen hingegen, an der Entscheidung beteiligt werden zu müssen. Manchmal gibt es wiederum Fälle, in denen eine große Mehrheit für ein bestimmtes Vorhaben ist, das jedoch am Veto eines einzelnen Miteigentümers zu scheitern droht. Jeder sollte sich darüber im Klaren sein, dass bauliche Veränderungen ein heikler Punkt sind, und im Vorfeld einer geplanten Maßnahme sehr gründlich prüfen (lassen), ob diese zulässig sind und in welchem Umfang die übrigen Miteigentümer eingebunden werden müssen. Mit solcher Vorbereitung lassen sich Streit und Ärger vermeiden.

> **Beispiele**
> - Der Eigentümer einer Dachwohnung möchte dort ein Dachflächenfenster anbringen.
> - Der Inhaber eines Sondernutzungsrechts an einem Stellplatz möchte diesen mit einem Carport überbauen.
> - Eine Grünfläche soll zu einem Kfz-Abstellplatz umgestaltet werden.

Früher waren bauliche Veränderungen – jedenfalls im Grundsatz – nur über einen einstimmigen Beschluss möglich. Die Reform des Wohnungseigentumsgesetzes hat dann die Befugnisse der Mehrheit auf den ersten Blick gestärkt. Soweit in der Teilungserklärung nichts anderes geregelt ist, gilt Folgendes: Bauliche Veränderungen können mehrheitlich beschlossen oder verlangt werden, wenn der oder die Miteigentümer zustimmen, die durch die geplante Maßnahme mehr als geringfügig beeinträchtigt werden. Insoweit haben diese also ein Vetorecht. Ist jedoch im konkreten Einzelfall ein Miteigentümer nur geringfügig beeinträchtigt, ist seine Zustimmung nicht erforderlich. **Beispiel:** Sie bringen nachträglich einen Wintergarten an, wodurch dem benachbarten Miteigentümer Sonnenlicht entzogen wird. Durch den Schattenwurf wird er mehr als geringfügig beeinträchtigt, sodass ein Mehrheitsbeschluss erst dann ausreicht, wenn auch er dem Anbau zustimmt. Im Ergebnis dürfte sich damit an der Anforderung, für bauliche Veränderungen einen einstimmigen Beschluss herbeiführen zu müssen, wenig geändert haben.

Ob eine bestimmte bauliche Veränderung zulässig ist, sollten Sie mithilfe der Teilungserklärung durch einen Fachmann vorab klären lassen.

Typische Nachteile, die sich im Zusammenhang mit baulichen Veränderungen ergeben, lassen sich in folgende Kategorien fassen:

- ■ Änderung des optischen Gesamteindrucks, etwa indem eine Verglasung vor einem Balkon oder ein Außenkamin auf einer Terrasse angebracht wird;
- ■ Ermöglichung einer intensiveren oder zweckwidrigen Nutzung, zum Beispiel durch Umbau eines Kellerabteils oder eines Hobbyraums in einen Wohnraum oder Nutzung eines Wäschetrockenraums zum Abstellen von Fahrrädern;
- ■ Entzug von Nutzungsmöglichkeiten, zum Beispiel wenn ein Schuhschrank im Treppenhaus aufgestellt wird;
- ■ Entzug von Licht oder Luft infolge einer baulichen Maßnahme, zum Beispiel indem eine Trennwand zum benachbarten Balkon angebracht oder ein Lüftungsgitter abgedeckt wird;
- ■ Immissionen, zum Beispiel durch einen Mauerdurchbruch zwecks Anbringung eines Abluftgitters;
- ■ Schäden am Gemeinschaftseigentum durch Eingriffe in die Bausubstanz oder Statik, zum Beispiel erhöhte Anfälligkeit für Wasserschäden, wenn ein Dachfenster angebracht wird;
- ■ Gefährdung der Miteigentümer, zum Beispiel indem eine schallschützende Wand entfernt wird.

Achtung!

Ob eine bestimmte Maßnahme einen oder mehrere Miteigentümer nur unerheblich oder mehr als nur unerheblich beeinträchtigt, ist nicht immer leicht festzustellen. **Umso wichtiger ist es, das geplante Vorhaben rechtzeitig in der Gemeinschaft zur Diskussion zu stellen.** Wenn es gelingt, sich im Vorfeld über eine Maßnahme zu einigen, sind die Risiken späterer rechtlicher Auseinandersetzungen über die „Erheblichkeit" der Beeinträchtigung deutlich geringer.

Im Übrigen sollten Sie auch die anfallenden Kosten im Auge behalten, falls eine durchgeführte Maßnahme rückgängig gemacht werden muss. Das kann schnell teuer werden.

Bauliche Veränderungen müssen von Instandhaltungs- und Instandsetzungsmaßnahmen sowie Modernisierungen und modernisierenden Instandsetzungen unterschieden werden:

- ■ **Instandhaltungs- und Instandsetzungsmaßnahmen** sind Gegenstand einer ordnungsgemäßen Verwaltung, für die nach dem Gesetz ein Mehrheitsbeschluss ausreichend ist. Die Unterscheidung, was eine bauliche Veränderung und was eine Instandhaltungs- oder Instandsetzungsmaßnahme ist, macht in der Praxis oft Schwierigkeiten. Dies hängt auch damit zusammen, dass die gesetzliche Regelung nicht gerade leicht verständlich ist. Vereinfacht gesprochen gilt als bauliche Veränderung, was über die ordnungsgemäße Instandhaltung und Instandsetzung der Anlage hinausgeht. Dies ist immer dann der Fall, wenn es zu einer Veränderung bereits vorhandener Gebäude-

Beispiel

Nachdem die Abgaswerte der Heizungsanlage nicht mehr den gesetzlichen Bestimmungen genügen, entscheidet die Eigentümergemeinschaft durch einfachen Mehrheitsbeschluss, eine neue Anlage anzuschaffen.

teile kommt oder wenn Teile des gemeinschaftlichen Eigentums so verändert werden sollen, dass sie nicht mehr mit dem Aufteilungsplan übereinstimmen. Eine bauliche Veränderung liegt auch dann vor, wenn anstelle einer Instandsetzungsmaßnahme eine Erneuerung durchgeführt wird und sich die Mehrkosten nicht innerhalb von 10 Jahren amortisieren.

- Modernisierungen ohne konkreten Instandhaltungsbedarf können mit einer Mehrheit von drei Vierteln der stimmberechtigten Wohnungseigentümer und der Hälfte der Miteigentumsanteile beschlossen werden.

- Für sogenannte modernisierende Instandsetzungen genügt hingegen eine einfache Stimmenmehrheit. Der Unterschied zwischen einer Modernisierung und einer modernisierenden Instandsetzung besteht darin, dass für Letztere eine Reparaturbedürftigkeit vorliegen muss.

Beispiel

Das bestehende Rohrleitungssystem muss erneuert werden. Dabei soll gleichzeitig eine Erweiterung vorgenommen werden, durch die zukünftig Regenwasser genutzt werden kann (modernisierende Instandsetzung). Erfolgt diese, ohne dass ein Erneuerungsbedarf besteht, handelt es sich um eine Modernisierung.

Die Gemeinschaft verfügt grundsätzlich über einen gewissen Ermessensspielraum, ob sie eine defekte Anlage reparieren oder austauschen will („modernisierende Instandsetzung"), um sie auf den neuesten Stand zu bringen. Allerdings gilt das nicht uneingeschränkt, denn die Neuanschaffung muss sich auch rechnen. Das kann beispielsweise der Fall sein, wenn durch Modernisierung die Reparaturanfälligkeit einer Anlage behoben werden soll. Die Rechtsprechung legt dabei als Faustregel eine Frist von 10 Jahren zugrunde: Wenn die Mehrkosten innerhalb von 10 Jahren wieder eingespielt werden, ist das in Ordnung, sonst kann der Beschluss angefochten werden.

Häufig wird übersehen, dass ein wirksamer Beschluss über eine bauliche Veränderung eine eventuell erforderliche Baugenehmigung nicht überflüssig macht. Auch umgekehrt gilt: Eine Baugenehmigung ersetzt nicht den notwendigen Beschluss der Eigentümergemeinschaft. Beide Vorgänge müssen separat betrachtet werden. So kann es beispielsweise durchaus sein, dass die Gemeinschaft ordnungsgemäß eine bauliche Veränderung beschließt, die Baubehörde hierfür jedoch keine Genehmigung erteilt.

Wer bauliche Veränderungen unberechtigt vornimmt, muss diese im Ernstfall auf seine Kosten wieder entfernen.

In der Praxis ist entscheidend, welche Rechte benachteiligte Miteigentümer bei baulichen Veränderungen haben, die ohne ihre Zustimmung geplant oder durchgeführt werden sollen. Bevor Sie rechtliche Maßnahmen ergreifen, sollten Sie in einem solchen Fall zunächst das Gespräch mit der jeweiligen Person suchen. Möglicherweise lässt sich noch ein Kompromiss finden, mit dem beide Seiten leben können. Vielleicht war dem Miteigentümer nicht klar, dass er die bauliche Veränderung mit Ihnen absprechen muss, oder Sie werden davon gar nicht in dem Maße beeinträchtigt werden, wie Sie befürchten. Scheitern Versuche dieser Art, steht jedem beeinträchtigten Miteigentümer ein sogenannter Unterlassungsanspruch bzw. Beseitigungsanspruch gegen den verantwortlichen Miteigentümer zu. Sie können also von demjenigen, der unzulässigerweise eine bauliche Veränderung vorgenommen hat, verlangen, diese rückgängig zu machen bzw. zu beenden. Diesen Anspruch kann der beeinträchtigte Miteigentümer allein geltend machen, ohne die Zustimmung der übrigen Miteigentümer. Selbstverständlich kann aber auch die Gemeinschaft tätig werden. Solche Ansprüche durchzusetzen fällt jedoch nicht in den Aufgabenbereich des Verwalters. Dieser kann also nicht von sich aus vorgehen und Unterlassungs- bzw. Beseitigungsansprüche geltend machen.

Achtung!

In manchen Teilungserklärungen ist vorgesehen, dass **die Zulässigkeit einer baulichen Veränderung von der Zustimmung des Verwalters abhängig** ist. In diesen Fällen wird er sie nur dann verweigern dürfen, wenn er einen wichtigen Grund hierfür hat, zum Beispiel wenn die Maßnahme im Widerspruch zum geltenden Baurecht steht. Hegt der Verwalter jedoch ernsthafte Zweifel, muss er die Gemeinschaft hierüber informieren. Er kann sich dann auch die Weisung der Eigentümergemeinschaft einholen. Handelt es sich um einen gewerblichen Verwalter, muss er aber vorher die tatsächlichen und rechtlichen Zweifelsfragen umfassend geklärt haben.

Wer eine unzulässige bauliche Veränderung vornimmt, verletzt die Pflichten innerhalb des Gemeinschaftsverhältnisses. Dadurch besteht ein Anspruch auf Schadenersatz. Der eigenmächtig vorgehende Miteigentümer muss daher den ursprünglichen Zustand (Rückbau) auf seine Kosten wiederherstellen. Werden unzulässige bauliche Veränderungen durch einen Mieter vorgenommen, können sich Unterlassungs- und Beseitigungsansprüche sowohl gegen den betreffenden Wohnungseigentümer als auch gegen den Mieter direkt richten. Wenn Sie also Vermieter einer Eigentumswohnung sind und davon erfahren, dass Ihr Mieter Veränderungen plant, die nur mit Zustimmung einzelner oder aller Miteigentümer zulässig sind, sollten Sie möglichst rasch tätig werden. Sonst riskieren Sie, dass die Gemeinschaft Ansprüche gegen Sie erhebt. Die Gemeinschaft muss im Vorfeld entscheiden, ob sie Ansprüche lediglich gegen den Mieter oder aber (auch) gegen den vermietenden Miteigentümer geltend machen will. Welche Variante im konkreten Einzelfall sinnvoller ist, sollte mit einem Anwalt abgeklärt werden.

In der Übersicht auf Seite xx sind einige Maßnahmen zusammengestellt, die in der Vergangenheit von den Gerichten als bauliche Veränderungen eingestuft wurden. Bitte beachten Sie, dass es sich hierbei immer um Einzelfallentscheidungen handelt, die nicht unbedingt verallgemeinert werden können. Für eine erste Einschätzung der Sachlage sind sie aber hilfreich. Kommt es innerhalb der Gemeinschaft zu Diskussionen, inwieweit eine bauliche Veränderung zulässig ist und vorgenommen werden darf, kann die folgende Checkliste helfen.

✓ Checkliste

☐ Liegt tatsächlich eine bauliche Veränderung oder lediglich eine Maßnahme der Instandsetzung oder Instandhaltung vor? Liegt aktueller Sanierungsbedarf vor? Gibt es weniger einschneidende Möglichkeiten, zum Beispiel Reparatur statt Austausch? Ist es notwendig, einen Sachverständigen einzuschalten, um diese Punkte zu klären?

☐ Sieht die Teilungserklärung vom Gesetz abweichende Regelungen über die Zulässigkeit baulicher Veränderungen vor, zum Beispiel Erfordernis eines einstimmigen Beschlusses?

☐ Werden ein oder mehrere Miteigentümer nicht nur unerheblich beeinträchtigt?

☐ Haben die beeinträchtigten Miteigentümer der Maßnahme zugestimmt?

☐ Sieht die Teilungserklärung oder die Gemeinschaftsordnung die Zustimmung des Verwalters vor?

☐ Ist die baurechtliche Seite der Maßnahme abgeklärt (Baugenehmigung)?

Beispiele für bauliche Veränderungen

Anbringen einer **Antenne oder einer Satellitenschüssel** auf dem Balkon, wenn dies den optischen Gesamteindruck der Wohnanlage beeinträchtigt;

Anbringen einer **Amateurfunkantenne** auf dem Dach, da in die bauliche Substanz eingegriffen und die Sturmanfälligkeit des Dachs erhöht wird;

Anbringen einer **Außentreppe**, die eine Wohnung mit einer darüber liegenden Dachterrasse verbindet;

nachträglicher Anbau eines **Balkons,** jedenfalls dann, wenn er die Belichtung einer darunter liegenden Wohnung einschränkt;

Anbringen von **Leuchten auf der Balkonbrüstung**;

Anbringen einer **Balkonverglasung**;

Ausbau von **Dachgeschoss- oder Speicherräumen** zu Wohnräumen, soweit dies nicht ausdrücklich in der Teilungserklärung für zulässig erklärt ist;

Umbau eines Flachdachs zu einer **Dachterrasse**;

Deckendurchbruch, um zwei übereinander liegende Wohnungen zu verbinden;

Anbringen von **Fenstergittern** (anders eventuell bei Erdgeschosswohnungen, die einer besonderen Einbruchsgefahr unterliegen);

Mauerdurchbruch an der Außenwand, um ein Entlüftungsgitter anzubringen;

Aufstellen einer **Fertiggarage** auf einem Kfz-Stellplatz der Gemeinschaft;

Errichten eines **Gartenhauses** (auch dann, wenn dies auf einer Sondernutzungsfläche erfolgt);

Anbringen eines zusätzlichen **Heizkörpers** in einem bisher nicht beheizten Raum des Sondereigentums;

Anschluss eines offenen **Kamins** an einen gemeinschaftlichen Schornstein (jedenfalls dann, wenn in der Folge keine anderen Kamine mehr angeschlossen werden können);

Umwandlung von Grünflächen in **Kfz-Abstellplätze**;

erstmalige Errichtung eines **Kinderspielplatzes** in der Wohnanlage;

Stilllegung eines **Aufzugs**;

Verlegen von **Platten** auf einem gemeinschaftlichen Rasen;

Überdachung und/oder Vergrößerung einer Terrasse;

Einbau einer **Wasserenthärtungsanlage**;

Anbau eines verglasten **Windfangs** vor einer Eingangstür;

Anbau eines **Wintergartens**.

Gebrauchsregelungen

Grundsätzlich gibt es verschiedene Möglichkeiten, innerhalb der Eigentümergemeinschaft Regelungen über den Gebrauch und die Nutzung des gemeinschaftlichen Eigentums sowie des Sondereigentums zu treffen: Zunächst gilt die in der Teilungserklärung festgeschriebene Zweckbestimmung. Wird ein Miteigentum dort beispielsweise als „Wohneigentum" bezeichnet, ist es grundsätzlich nicht möglich, diese Einheit gewerblich zu nutzen. Ebenso kann dort beispielsweise geregelt werden, dass eine Wohnung nur für Zwecke des betreuten Wohnens genutzt werden darf. Darüber hinaus können einstimmige Regelungen, sogenannte Vereinbarungen, getroffen werden oder die Miteigentümer können durch Mehrheitsbeschluss zu bestimmten Regelungen gelangen.

Vereinbarung und Beschluss

Vereinbarungen regeln das Verhältnis der Wohnungseigentümer untereinander und sind in gewisser Weise mit der Satzung eines Vereins vergleichbar. Aus diesem Grund kann eine Vereinbarung nur durch Mitwirkung aller Wohnungseigentümer zustande kommen, und zwar in der Regel indem ein entsprechender einstimmiger Beschluss gefasst wird. Um gegenüber späteren Erwerbern wirksam zu sein, müssen Vereinbarungen im Grundbuch eingetragen werden.

Eine Vereinbarung kann auch dadurch zustande kommen, dass alle Wohnungseigentümer vor einem Notar erscheinen und dort ihre Erklärungen abgeben. Schließlich ist auch ein sogenannter schriftlicher Umlaufbeschluss möglich. Hierbei wird der Gegenstand der Vereinbarung schriftlich festgehalten, anschließend unterzeichnen sämtliche Wohnungseigentümer dieses Dokument. Nach dem Wohnungseigentumsgesetz gilt dafür das Einstimmigkeitsprinzip. Dieses ist verbindlich, da es in dem Fall keine Diskussion des Beschlussgegenstands innerhalb der Eigentümerversammlung gibt. Auch durch eine entsprechende Regelung in der

Für Umlaufbeschlüsse ist das Einstimmigkeitsprinzip zwingend vorgesehen.

Gemeinschaftsordnung kann hiervon nicht abgewichen werden. Ein Umlaufbeschluss wird erst dann wirksam, wenn der Verwalter die letzte Einverständniserklärung erhalten hat.

Eine Ebene unterhalb der Vereinbarungen befinden sich die Beschlüsse. Während in Vereinbarungen eher grundsätzliche Regelungen über das Verhältnis der Wohnungseigentümer untereinander getroffen werden, befassen sich Beschlüsse üblicherweise mit Einzelheiten der Organisation und der Durchführung von Verwaltungsmaßnahmen. Im Gegensatz zu einer Vereinbarung genügt für das Zustandekommen eines Beschlusses normalerweise die einfache Mehrheit. Beschlüsse können nicht ins Grundbuch eingetragen werden. Kollidieren Vereinbarung und Beschluss, haben Vereinbarungen Vorrang, da sie einstimmig getroffen wurden. Im Kapitel „Vor Gericht" erfahren Sie ab Seite 113, wie Sie Beschlüsse anfechten können, und finden weitere Informationen zu Fällen, in denen Vereinbarung und Beschluss im Widerspruch stehen.

> **Beispiel**
>
> Die Jahresabrechnung des Verwalters, seine Entlastung oder die Bestellung eines Verwaltungsbeirats werden über Beschlüsse gebilligt.

Regelungen durch Mehrheitsbeschluss

Zu den Regelungen, die mit einfacher Mehrheit beschlossen werden können, gehören etwa Haus-, Schwimmbad- oder Spielplatzordnungen. Auch Fragen der Tierhaltung werden häufig durch mehrheitlichen Beschluss geregelt. Der Gemeinschaft steht es frei, durch derartige Regelungen näher zu bestimmen, wie das gemeinschaftliche Eigentum genutzt werden kann. Voraussetzung ist jedoch, dass die Vereinbarungen inhaltlich ausreichend bestimmt sind. Sind sie zu ungenau gefasst, sodass Auseinandersetzungen über ihren Inhalt zu erwarten sind, können sie auf Antrag eines Miteigentümers vor Gericht angefochten werden. Außerdem dürfen solche Regelungsbeschlüsse nicht im Widerspruch zum Gesetz und zu eventuell bereits vorhandenen Vereinbarungen stehen. Insbesondere Haus- und Benutzungsordnungen werden häufig durch Mehrheitsbeschluss getroffen. Bei Bedarf können sie – ebenfalls wieder durch Mehrheitsbeschluss – an geänderte Bedürfnisse angepasst werden. Die Eigentümer dürfen grundsätzlich nur an den Kosten beteiligt werden. Weitere Handlungspflichten dürfen ihnen aber nicht auferlegt werden, etwa Treppenhausreinigung, Reparaturen, Gartenpflege und Ähnliches, entschied der Bundesgerichtshof (BGH V ZR 193/09, 18.6.2010; Hinweis: Den Wortlaut aller BGH-Entscheidungen finden Sie auf www.bundesgerichtshof.de).

Es gehört zur ordnungsgemäßen Verwaltung des gemeinschaftlichen Eigentums, eine Hausordnung zu erlassen. Das kann jeder Wohnungseigentümer verlangen. Die folgende Übersicht zeigt, welche Punkte darin normalerweise geregelt werden. Bevor ein Beschluss über Erlass oder Änderung einer Hausordnung gefasst wird, können Sie mit der Checkliste auf dieser Seite den Entwurf auf Vollständigkeit prüfen.

Diese Checkliste dient lediglich als Anhaltspunkt. Aufgrund der Besonderheit einer Anlage können sich Ergänzungen ergeben. Wie man das Zusammenleben der Hausgemeinschaft auch noch ganz anderes angehen kann, lesen Sie ab Seite 142.

✓ Checkliste: Das sollte in einer Hausordnung stehen

- [ ] Pflicht zur Anzeige von Mängeln des gemeinschaftlichen Eigentums
- [ ] Regelung über Schneeräumen bzw. Streuen bei Glatteis
- [ ] Regelung über Reinigung von Treppenhaus und Eingangsbereich
- [ ] Regelung über die Heizperiode, zum Beispiel ab welcher Außentemperatur oder in welchen Monaten die Heizung eingeschaltet wird
- [ ] Festlegung von Ruhezeiten (Mittagsruhe, Nachtzeit)
- [ ] Regelungen über das Musizieren im Haus
- [ ] Zuständigkeiten des Hausmeisters
- [ ] Schließen von Haustür und Fenstern im Treppenhaus
- [ ] Benutzung Lärm verursachender Einrichtungen (Müllschlucker, Glascontainer)
- [ ] Regelungen über die Tierhaltung in Wohnungen
- [ ] Anbringen von Schildern, Leuchttafeln etc. an Haus- und Wohnungstüren sowie Briefkästen
- [ ] Abstellen von Kinderwagen, Fahrrädern, Mofas und Spielgeräten

- [ ] Nutzung des Treppenhauses (Aufhängen von Bildern, Aufstellen von Möbeln, Abstellen von Kinderwagen)
- [ ] Freihalten von Feuerwehr- und Rettungswegen sowie Zufahrten
- [ ] Grillen auf Balkonen und Terrassen
- [ ] Zulässigkeit bestimmter Anpflanzungen auf Balkonen und Terrassen
- [ ] Anbringen von Blumenkästen auf Balkonen
- [ ] Erhebung von Pauschalen bei Umzügen (zum Beispiel wegen erhöhter Abnutzung und umzugsbedingter Verschmutzungen gemeinschaftlicher Einrichtungen)*
- [ ] Benutzungsregelungen für gemeinschaftliche Einrichtungen wie Aufzug, Waschmaschinen, Sauna, Schwimmbad, Tennisplätze, Abstell- und Hobbyräume
- [ ] Wäschetrocknen auf Balkonen und Terrassen
- [ ] Benutzungszeiten für Kinderspielplätze und Sporteinrichtungen,
- [ ] Hinterlegen eines Schlüssels bei einer Vertrauensperson im Fall längerer Abwesenheit.

*Hintergrund: Wenn es beim Auszug von Bewohnern zu Schäden im Hausflur kommt, ist selten nachweisbar, wer diese Schäden verursacht hat. Deshalb ist es sinnvoll, vom jeweiligen Eigentümer eine „Schadenspauschale" zu erheben. Dies ist auch zulässig, sagt der BGH (V ZR 220/09, 1.10.2010), allerdings nur dann, wenn der Gleichbehandlungsgrundsatz beachtet wird, also etwa kein Unterschied zwischen vermietenden Eigentümern und ausziehenden Selbstnutzern gemacht wird.

Sondernutzungsrechte

Sondernutzungsrechte zur Regelung der Benutzungsbefugnisse sind in der Praxis weitverbreitet.

Das Sondernutzungsrecht stellt einen besonderen Fall der Vereinbarung dar. Es bezeichnet die Befugnis eines Miteigentümers, einen Teil des gemeinschaftlichen Eigentums ausschließlich zu nutzen. Dadurch entsteht für bestimmte Teile des gemeinschaftlichen Eigentums – welches ja eigentlich der Mitbenutzung sämtlicher Eigentümer unterliegt – eine Ausnahme. Ein typisches **Beispiel:** Eine Anlage verfügt über Kfz-Abstellplätze, die im Gemeinschaftseigentum liegen. Diese können mittels einer Sondernutzungsregelung einzelnen Wohnungseigentümern zur alleinigen und ausschließlichen Nutzung zugewiesen werden.

In der Praxis werden üblicherweise Sondernutzungsrechte an folgenden gemeinschaftlichen Gebäudeteilen bzw. Flächen eingeräumt:

- Kfz-Abstellplätze,
- Tiefgaragenstellplätze,
- Gartenflächen, hauptsächlich für Erdgeschosswohnungen oder Terrassen,
- Dachterrassen,
- gemeinschaftliche Räume im Keller oder Dachgeschoss.

Wichtig

Sondernutzungsberechtigte werden nicht Eigentümer der betroffenen Fläche bzw. des Gebäudeteils! Sie erlangen vielmehr ein alleiniges, dauerndes und ausschließliches Nutzungsrecht. Häufig müssen Sondernutzungsberechtigte dafür an die Gemeinschaft einen bestimmten Betrag entrichten.

Sondernutzungsrechte werden entweder bereits bei Begründung des Wohneigentums in der Teilungserklärung oder durch späteren Abschluss einer Vereinbarung eingeräumt. Wenn einem Eigentümer nachträglich ein Sondernutzungsrecht erteilt werden soll, müssen sämtliche Miteigentümer zustimmen.

Dass Sondernutzungsrechte aber in gewisser Weise doch eigentumsähnlich sind, zeigt sich daran, dass sie innerhalb der Gemeinschaft übertragen – und verkauft – werden können. Da das Sondernutzungsrecht mit dem jeweiligen Sondereigentum verbunden ist, geht es beim Verkauf einer Wohnung auch auf den Erwerber über. Einer Änderung oder Aufhebung des Sondernutzungsrechts müssen sämtliche Miteigentümer zustimmen.

Wenn Ihnen im Kaufvertrag ein Sondernutzungsrecht zugesichert wird, reicht das allein noch nicht aus, Ihnen dieses auch tatsächlich zu verschaffen. Sie können sich der Gemeinschaft gegenüber nicht darauf berufen, dass Ihnen der Verkäufer ein Sondernutzungsrecht zugesagt hat. Nur wenn ein derartiges Sondernutzungsrecht bereits begründet wurde – festgehalten in der Teilungserklärung oder in einer Vereinbarung –, kann es von Ihnen wirksam zusammen mit der Wohnung erworben werden. Wird Ihnen im Kaufvertrag ein tatsächlich nicht vorhandenes Sondernutzungsrecht verkauft, stehen Ihnen allerdings Schadenersatzansprüche gegen den Verkäufer zu. Gegen die Gemeinschaft haben Sie jedoch keinen Anspruch, dass Ihnen ein Sondernutzungsrecht eingeräumt wird.

Wenn Sondernutzungsrechte eingeräumt und keine abweichenden Regelungen darüber getroffen werden, wer die damit verbundenen Kosten zu tragen hat, bleibt es beim allgemeinen Verfahren. Das heißt, anfallende Kosten werden – den Miteigentumsanteilen entsprechend – aufgeteilt. Auch die übrigen Miteigentümer haben dann also für Instandhaltungs- und Instandsetzungsmaßnahmen am Sondernutzungsrecht aufzukommen. Aus diesem Grund vereinbart man häufig für Sondernutzungsrechte, dass der Berechtigte Instandhaltungs- und Instandsetzungskosten selbst zu tragen oder dass er für derartige Maßnahmen regelmäßig einen bestimmten Betrag an die Gemeinschaft zu zahlen hat. **Beispiel:** Einem Miteigentümer wird ein Sondernutzungsrecht an einem gemeinschaftlichen Kfz-Stellplatz eingeräumt. Gleichzeitig wird vereinbart, dass er dafür zuständig ist, ihn zu unterhalten und zu reinigen. Außerdem zahlt er an die Gemeinschaft einen einmaligen, einen monatlichen oder einen jährlichen Betrag als Ausgleich für die exklusive Nutzungsmöglichkeit.

Achten Sie bei Sondernutzungsrechten darauf, wie die Kostenverteilung erfolgt.

Die Teilrechtsfähigkeit der Eigentümergemeinschaft

Vorteile ergeben sich durch die Einführung der Teilrechtsfähigkeit.

Um den Umfang Ihrer Pflichten als Wohnungseigentümer richtig einschätzen zu können, müssen Sie wissen, in welchen Fällen die Gemeinschaft haftet und wann Sie als Eigentümer persönlich in Anspruch genommen werden können. Hervorzuheben ist in diesem Zusammenhang die mit der Reform des Wohnungseigentumsgesetzes zum 1. Juli 2007 neu eingeführte „Teilrechtsfähigkeit der Eigentümergemeinschaft". Diese erleichtert die Verwaltung des gemeinschaftlichen Eigentums spürbar. Bevor die Teilrechtsfähigkeit eingeführt wurde, waren die Wohnungseigentümer persönlich Träger sämtlicher Rechte und Pflichten, die bei der Verwaltung des gemeinschaftlichen Vermögens entstehen können. Heute kann die Eigentümergemeinschaft als solche bei der Verwaltung des gemeinschaftlichen Eigentums Träger von Rechten und Pflichten sein und auch im Rechtsverkehr als selbstständige Einheit auftreten. Daraus ergeben sich wichtige Konsequenzen im Hinblick auf die Haftung und bei gerichtlichen Verfahren.

Was bedeutet Teilrechtsfähigkeit?

Infolge der Teilrechtsfähigkeit kann die Eigentümergemeinschaft künftig als Verband auftreten, ohne dass die einzelnen Mitglieder der Gemeinschaft namentlich aufgezählt werden müssten. Auf die Bezeichnung Wohnungseigentümergemeinschaft folgt dann die jeweilige Adresse – zum **Beispiel:** „Wohnungseigentümergemeinschaft Fallstraße 19, 33333 Musterstadt". Aus der Teilrechtsfähigkeit ergibt sich zudem, dass beispielsweise bei gemeinschaftsbezogenen Verträgen nicht mehr sämtliche Wohnungseigentümer einzeln, sondern die Eigentümer-gemeinschaft als Verband Vertragspartner ist. Vertreten wird der Verband in gemeinschaftlichen Angelegenheiten durch den Verwalter.

Der teilrechtsfähige Verband ist beispielsweise in folgenden Fällen der gemeinschaftlichen Verwaltung zuständig:

■ Abschluss von Wartungs- und Serviceverträgen, zum Beispiel für die Aufzugsanlage,

■ Abschluss von Mietverträgen über gemeinschaftliche Flächen, zum Beispiel Kfz-Abstellplätze,

■ wenn Ansprüche gegen Handwerker oder Bauträger geltend gemacht werden, soweit sich die zugrunde liegenden Mängel auf das gemeinschaftliche Eigentum beziehen, zum Beispiel Ansprüche wegen unzureichenden Schallschutzes in der Tiefgarage,

■ Abschluss eines Hausmeistervertrags,

■ Führen von nachbarrechtlichen Streitigkeiten, zum Beispiel Abwehr einer geplanten Bebauung des Nachbargrundstücks, das zu nah am Grundstück der Gemeinschaft liegt,

■ Beauftragung von Handwerkern bei Instandsetzungs-, Instandhaltungs- oder Modernisierungsmaßnahmen des Gemeinschaftseigentums, zum Beispiel Sanierung des Dachs, oder Einholung diesbezüglicher Kostenvoranschläge.

Der Verband kann aber nicht nur wie in den oben genannten Fällen gegenüber Dritten tätig werden, er kann auch Ansprüche innerhalb der Gemeinschaft geltend machen bzw. diesen ausgesetzt sein.

> **Beispiele**
>
> ■ Der Verband klagt gegen einen Miteigentümer, weil dieser gemeinschaftliches Eigentum im Widerspruch zu einem Mehrheitsbeschluss nutzt, etwa wenn Sportgeräte im Wäschetrockenraum abgestellt werden.
>
> ■ Es werden Ansprüche des Verbands gegen einen Miteigentümer auf Beseitigung einer unzulässigen baulichen Veränderung erhoben, zum Beispiel Entfernung eines auf gemeinschaftlicher Fläche errichteten Gartenhauses.
>
> ■ Ein Miteigentümer macht gegen den Verband geltend, zu viel Hausgeldbeiträge gezahlt zu haben.
>
> ■ Der Verband klagt gegen einen Miteigentümer auf Einhaltung der Hausordnung, zum Beispiel wegen unzulässiger Tierhaltung.

So tritt der Verband vor Gericht auf

In gerichtlichen Verfahren tritt der Verband als solcher auf. Es ist also nicht mehr erforderlich, dass ein Kläger bei Klageeinreichung bereits eine vollständige (und aktuelle) Liste sämtlicher Wohnungseigentümer vorlegt; er kann diese nachreichen. Dies war

Der teilrechtsfähige Verband kann als solcher auch vor Gericht auftreten.

bis zur Reform des Wohnungseigentumsrechts der Fall und hatte insbesondere bei großen Wohnanlagen zu praktischen und rechtlichen Problemen geführt. Entsprechend kann der Verband nun auch selbst Ansprüche gegen Dritte geltend machen.

Beispiel:

Klage der „Wohnungseigentümergemeinschaft
Am Marktplatz 1, 44444 Heldenstadt,
gegen Schreinerei Schmitz GmbH".

Mit welchem Vermögen haftet der Verband?

Das Gemeinschaftseigentum zählt nicht zum Vermögen des Verbands.

Der Verband hat für Verpflichtungen, die ihn betreffen, mit dem sogenannten Verwaltungsvermögen einzustehen. Es setzt sich aus den im Rahmen der Verwaltung begründeten Rechten und den von der Gemeinschaft erworbenen Sachen zusammen. Dabei gehören zum Verwaltungsvermögen weder das Gemeinschaftseigentum noch das Sondereigentum. Zum Verwaltungsvermögen werden vielmehr folgende Positionen gerechnet:

■ Guthaben der Gemeinschaft auf Bankkonten,
    zum Beispiel Instandhaltungsrücklage,
■ Einnahmen aus der Vermietung gemeinschaftlicher Gebäude-
    teile, beispielsweise durch Vermietung von Werbeflächen,
■ Energievorräte, etwa Öl und Gas oder Flüssiggas,
■ Ansprüche der Gemeinschaft gegen Dritte, zum Beispiel
    Zahlungsanspruch gegen eine Versicherung,
■ im Eigentum der Gemeinschaft stehende Geräte und
    Maschinen, beispielsweise Wasch- und Trockenmaschinen,
    Rasenmäher, Werkzeuge.

Die Haftungsbeschränkung auf das Verwaltungsvermögen wurde ebenfalls neu geregelt. Der Vorteil besteht darin, dass die frühere gesamtschuldnerische Haftung jedes einzelnen Wohnungseigentümers für sämtliche Verbindlichkeiten der Gemeinschaft wegfällt. Was heißt das konkret? Nach altem Recht galt: Wenn beispielsweise ein Miteigentümer nicht in der Lage war, seinen Anteil an einer Heizöllieferung zu bezahlen, konnte sich der Lieferant wegen der gesamten Rechnung an einen Miteigentümer allein halten. Dieser hatte zwar einen Ausgleichsanspruch gegen die anderen Miteigentümer, musste im Ernstfall aber zunächst mit seinem gesamten Vermögen für die Verbindlichkeit der Gemeinschaft einstehen.

Ein Gläubiger ist allerdings auch nach Einführung der Teilrechtsfähigkeit nicht darauf beschränkt, Ansprüche allein gegen den Verband geltend zu machen. Er kann ebenso gleichzeitig gegen einzelne Wohnungseigentümer vorgehen. Dabei muss aber beachtet werden, dass nun zum Schutz des einzelnen Wohnungseigentümers dessen Haftung auf seinen Miteigentumsanteil beschränkt ist.

> **Tipp**
>
> Die Haftungsbeschränkung auf das Verwaltungsvermögen schützt den einzelnen Eigentümer vor finanziellen Nachteilen bei Zahlungsunfähigkeit eines anderen Miteigentümers.

Was gilt bei Eigentümerwechseln?

Bei Wechseln in der Gemeinschaft kam es in der Vergangenheit häufig zu Auseinandersetzungen, inwieweit ein Forderungsanteil, zum Beispiel gegen eine Versicherung, noch dem alten oder bereits dem neuen Miteigentümer zusteht. Nachdem der Verband als Träger von gemeinschaftlichen Rechten und Pflichten anerkannt wird, gehören derartige Ansprüche immer zum Verwaltungsvermögen der Gemeinschaft. Es kommt also nicht mehr darauf an, ob ein Eigentümer zu einem bestimmten Zeitpunkt noch oder bereits Mitglied der Gemeinschaft war.

> **Beispiel**
>
> Wegen der mangelhaften Installation einer Wasserpumpe im Heizungsraum kommt es zu Schäden an der Heizanlage. Die Gemeinschaft macht diesen Schaden bei dem ausführenden Handwerksbetrieb geltend. Während des laufenden Verfahrens verkauft ein Miteigentümer seine Wohnung und scheidet aus der Gemeinschaft aus. Da die Schadenersatzforderung dem Verband zusteht, kann der ehemalige Miteigentümer nicht verlangen, dass ihm „sein" Anteil am Schaden ausbezahlt wird.

Verkauft ein Eigentümer seine Wohnung, endet damit aber noch nicht sofort seine Haftung. Für Verbindlichkeiten, die während seiner Zugehörigkeit zur Gemeinschaft entstanden oder fällig geworden sind, haftet er auch nach seinem Ausscheiden. Diese Nachhaftung ist aber auf fünf Jahre begrenzt. Die Nachhaftungsfrist beginnt mit der Eintragung des neuen Eigentümers im Grundbuch. Wenn die zugrunde liegende Forderung bereits früher verjährt, gilt die kürzere Frist.

Verwaltung
Die wichtigsten Organe

Die Eigentumswohnung ist Bestandteil einer Wohnanlage. Für deren Verwaltung sind gewöhnlich drei Organe zuständig: der Verwalter, die Eigentümerversammlung und ein Verwaltungsbeirat, der aus Mitgliedern der Eigentümergemeinschaft besteht. Allerdings müssen nicht alle drei eingerichtet werden. Die Bestellung eines Verwalters ist Pflicht. Auch die Eigentümerversammlung als „höchste Instanz" in einer Anlage ist zwingend vorgesehen, da sie die wesentlichen Entscheidungen im Hinblick auf die Verwaltung des gemeinschaftlichen Eigentums trifft. Die Einrichtung eines Verwaltungsbeirats ist hingegen nicht verpflichtend, wird aber aus guten Gründen in einer Vielzahl von Anlagen praktiziert.

Um Konflikte zu vermeiden und die effiziente Verwaltung der Anlage zu garantieren, sollte jeder Miteigentümer die genaue Zuständigkeit der drei Organe kennen. In diesem Kapitel stellen wir Ihnen die Rollen und Aufgaben aller Beteiligten vor.

Der Verwalter

Der Verwalter ist neben der Eigentümerversammlung und dem Verwaltungsbeirat eines der drei für die Verwaltung der Anlage zuständigen Organe.

In den meisten Wohnanlagen ist die Verwaltung des gemeinschaftlichen Eigentums einem externen Verwalter übertragen. Gesetzlich vorgeschrieben ist das allerdings nicht, sodass sich vor allem immer wieder kleinere Gemeinschaften finden, die – meist aus Kostengründen – auf einen externen Verwalter verzichten. In diesen Fällen werden Verwaltungsaufgaben durch einen Miteigentümer erbracht. Dieser besitzt häufig besondere technische oder buchhalterisch-finanzielle Kenntnisse, von denen die Gemeinschaft dann insgesamt profitieren kann. Idealerweise wird ein solcher „Eigentümer-Verwalter" durch einen kompetenten und engagierten Beirat unterstützt.

Die Tätigkeit des Verwalters besteht letztlich darin, Beschlüsse auszuführen, die ihm die Gemeinschaft vorgibt. Denn die Eigentümerversammlung ist als oberstes Organ für die Verwaltung des gemeinschaftlichen Eigentums zuständig und fasst die entsprechenden Beschlüsse. Diese umzusetzen ist Sache des Verwalters. Der Verwalter ist daher auch an Weisungen der Eigentümergemeinschaft gebunden.

Die Auswahl eines geeigneten Verwalters

Über die Person und Qualifikation eines Verwalters finden sich im Wohnungseigentumsgesetz keine Regelungen. Man kann diese Tätigkeit auch ohne besondere berufliche Ausbildung oder Qualifikation ausüben. Deshalb ist eine Eigentümergemeinschaft gut beraten, einen Verwalter vor seiner Bestellung sorgfältig zu prüfen. Hilfreich ist eine bautechnische oder kaufmännische Ausbildung. Eine Eigentümergemeinschaft sollte sich zudem über Ausbildung und Berufserfahrung eines Kandidaten informieren und Referenzen bei anderen Gemein-schaften einholen, für die der Verwalter bereits tätig ist oder war. Hier können Sie erfahren, ob er seine Aufgaben zuverlässig und kompetent erfüllt hat. Interessant ist unter anderem die Frage, wie häufig der Kandidat für den Verwaltungsposten die Eigentümergemeinschaften in der Vergangenheit gewechselt hat und ob der Verwalter in regelmäßigen Abständen Fortbildungsveranstaltungen für Verwaltungsbeiratsmitglieder anbietet. Näheres dazu finden Sie auf Seite 57.

Für die Auswahl eines geeigneten Verwalters sollte sich die Gemeinschaft ausreichend Zeit nehmen.

Insbesondere bei größeren Eigentümergemeinschaften ist unabdingbar, dass der Verwalter über die notwendige organisatorische und administrative Ausstattung verfügt. Es empfiehlt sich, dass ein Miteigentümer oder der Verwaltungsbeirat den Verwalter in seinen Büroräumen aufsucht. Welche Aspekte bei der Auswahl des Verwalters im Einzelnen geprüft werden sollten, können Sie der Checkliste auf Seite 40 entnehmen.

Ein kompetenter und seriöser Verwalter wird kaum Einwände gegen eine Besichtigung seiner Büroräume haben.

Anhand dieser Checkliste kann die Gemeinschaft bzw. der Verwaltungsbeirat leicht die Kriterien entnehmen, die für die Auswahl eines Verwalters relevant sind, und beispielsweise in einem Formular festhalten. Dort können ebenfalls die Daten der verschiedenen Bewerber für das Verwalteramt eingetragen werden. Dies

Ein strukturiertes Vorgehen bei der Auswahl des Verwalters anhand der Checkliste auf Seite 40 reduziert das Risiko, später Überraschungen zu erleben.

erleichtert später den Vergleich der verschiedenen Angebote und damit auch die Entscheidung. Hinzu kommt, dass der Entscheidungsprozess transparenter wird.

✓ Checkliste: Die Auswahl eines Verwalters

☐ Verfügt der Verwalter über ausreichende Qualifikation und Berufserfahrung? Betreibt er die Verwaltung von Eigentumswohnungen nebenberuflich oder hauptberuflich?

☐ Ist der Verwalter Mitglied in einem der größeren Verbände, zum Beispiel VDH (Verband der Hausverwalter) oder BfW (Bundesfachverband der Wohnungsverwalter)?

☐ Kann der Verwalter die Teilnahme an Fortbildungsveranstaltungen nachweisen? Bietet er selbst Schulungsdienstleistungen für die Eigentümergemeinschaft an (zum Beispiel Seminare für Beiratsmitglieder)?

☐ Liegt die geforderte Vergütung im Rahmen der Angebote anderer Verwalter?

☐ Wurden andere Eigentümergemeinschaften nach ihren Erfahrungen mit dem betreffenden Verwalter befragt? Wie viele Objekte bzw. Eigentümergemeinschaften betreut der Verwalter insgesamt? Wie häufig fanden Wechsel statt?

☐ Übernimmt der Verwalter die Verwaltung persönlich oder beabsichtigt er, Mitarbeiter zu beauftragen? Wie viele Mitarbeiter beschäftigt der Verwalter? Für welche Tätigkeiten sollen diese eingesetzt werden? Sind die Mitarbeiter technisch bzw. kaufmännisch ausgebildet? Welche Tätigkeiten erbringt er persönlich?

☐ Sind die Abrechnungen verständlich strukturiert? Wird eine geeignete, aktuelle Software eingesetzt? Hat der Beirat die Möglichkeit, eine „Musterabrechnung" anzusehen?

☐ Hat sich der Verwalter vor Abgabe seines Angebots einen Überblick über den baulichen und verwaltungstechnischen Zustand der Anlage verschafft?

☐ Wurde der Verwaltervertrag fachlich – in der Regel von einem Rechtsanwalt – geprüft?

☐ Ist der Verwalter am Wochenende oder an Feiertagen zu erreichen bzw. gibt es für diese Fälle besondere Regelungen?

☐ Kümmert er sich auch um die Beauftragung von Handwerkern in Notfällen? Oft gibt es feste Kontakte mit Handwerkern, die die Anlage kennen und wegen der ständigen Geschäftsbeziehung häufig günstiger sind. Schaltet der Verwalter diese auch in Notfällen ein?

☐ Verfügt der Verwalter über eine angemessene Haftpflichtversicherung?

Die Bestellung des Verwalters

Der erste Verwalter einer neuen Wohnanlage wird häufig bereits in der Teilungserklärung bestellt. Auf diese Weise soll eine ordnungsgemäße Verwaltung der Anlage schon für die ersten Erwerber einer Wohnung gewährleistet werden. Diese Konstellation kann aber auch nachteilig sein, wenn der erste Verwalter dem Bauträger wirtschaftlich oder in sonstiger Weise nahesteht und damit nicht mehr über die erforderliche Unabhängigkeit verfügt. Sollen Ansprüche gegen den Bauträger geltend gemacht werden, können sich Interessenkonflikte ergeben.

Nachdem die Reform des Wohnungseigentumsgesetzes in Kraft getreten ist, darf die Erstbestellung des Verwalters höchstens auf drei Jahre vorgenommen werden. In allen anderen Fällen erfolgt die Verwalterbestellung durch Mehrheitsbeschluss, sie darf einen Zeitraum von fünf Jahren nicht überschreiten. Es ist allerdings möglich, denselben Verwalter immer wieder zu bestellen. Dafür ist jedes Mal ein Mehrheitsbeschluss notwendig und der Fünfjahresrhythmus muss beibehalten werden. Ein Verwalter kann also nicht gleich für 10 oder 15 Jahre bestellt werden.

Das Gesetz sieht aus guten Gründen eine Erstbestellung auf maximal drei Jahre vor.

Ein Wiederbestellungsbeschluss kann frühestens ein Jahr vor Ablauf der bestehenden Bestellung gefasst werden. **Beispiel:** Der Verwalter wurde bis zum 31. Oktober 2013 bestellt. Ein Beschluss über eine erneute Bestellung kann frühestens ab dem 31. Oktober 2012 gefasst werden.

Wird der Verwalter das erste Mal bestellt, müssen mehrere (in der Regel mindestens zwei bis drei) Kandidaten zur Auswahl stehen. Ist man mit dem gewählten Verwalter nach Ablauf seiner Amtszeit zufrieden, kann eine Wiederwahl auch ohne Alternativen erfolgen. Dieses Verfahren entspricht ordnungsgemäßer Verwaltung, hat der BGH entschieden (V ZR 96/10, 1.4.2011).

Für die Bestellung des Verwalters ist allein die Gemeinschaft zuständig. Wird diese Aufgabe dem Verwaltungsbeirat übertragen, ist die Bestellung unwirksam. Ebenso wenig kann die Bestimmung des Verwalters daran gebunden sein, dass die Grundpfandgläubiger, zum Beispiel durch Grundschuld gesicherte Banken, zustimmen. Unzulässig sind zudem Regelungen in der Teilungserklärung, wonach nur Miteigentümer zum Verwalter bestellt werden können. Unterlaufen bei der Bestellung des Verwalters Fehler, so kann dieser Beschluss – wie jeder andere auch – von einem Miteigentümer gerichtlich angefochten werden.

Der Vertrag mit dem Verwalter

Wenn die Eigentümerversammlung einen Beschluss zugunsten eines Verwalters fasst, kommt noch kein wirksamer Verwaltervertrag zustande. Dazu muss der Verwalter das Angebot der Gemeinschaft erst annehmen, also den Vertrag gegenzeichnen oder die Bestellung ausdrücklich annehmen. Der Abschluss des Verwaltervertrags ist formfrei, er kann also auch mündlich besiegelt werden. In der Praxis werden Verwalterverträge jedoch meist schriftlich abgeschlossen, was aus Beweisgründen auch empfehlenswert ist.

Auch wenn für Verwalterverträge in aller Regel Musterverträge verwendet werden, sollte vor Unterzeichnung ein Fachmann über den Vertrag schauen.

Den Inhalt des Verwaltervertrags können die Parteien grundsätzlich frei bestimmen. Üblicherweise legt jedoch der Verwalter einen Formularvertrag vor. Vor der Unterzeichnung durch die Gemeinschaft sollte von einem spezialisierten Anwalt geprüft werden, inwieweit das Dokument rechtlich wirksam und angemessen ist. Dieser wird auch darauf achten, dass die vom Verwalter vorgeschlagenen Formularklauseln im Einklang mit den Bestimmungen über die allgemeinen Geschäftsbedingungen stehen.

Beispiel

Die Beschlussfassung über die Bestellung erfolgt in der Eigentümerversammlung vom 14. April 2012. Der Verwalter legt einen Vertrag vor, dessen Laufzeit am 1. Mai 2012 beginnt und der vom Verwaltungsbeirat am 1. Mai 2012 gegengezeichnet wird.

Vertragsparteien sind auf der einen Seite der Verwalter – als natürliche oder juristische Person – und auf der anderen Seite die Gemeinschaft der Wohnungseigentümer. Da die Bestellung durch Mehrheitsbeschluss erfolgt, sind auch eventuell überstimmte Miteigentümer an die Rechte und Pflichten aus dem Vertrag gebunden.

Die Laufzeit des Verwaltervertrags

Wie bereits erwähnt, ist die Bestellung des Verwalters beim ersten Mal auf drei Jahre, in allen anderen Fällen auf fünf Jahre begrenzt. Die Laufzeit des Verwaltervertrags sollte nach Möglichkeit mit der Bestellungsdauer übereinstimmen, kann aber eventuell kürzer sein. Im Hinblick auf die Laufzeit des Verwaltervertrags und die Einhaltung von Kündigungsfristen ist jedoch zu beachten, dass zwischen der Bestellung des Verwalters und dem Vertragsschluss in der Regel einige Zeit vergeht. Für die Laufzeit des Vertrags ist daher nicht das Datum ausschlaggebend, an dem die Bestellung beschlossen, sondern an dem der Vertrag unterzeichnet wurde.

Um die Vertragsunterzeichnung seitens der Eigentümergemeinschaft zu erleichtern, sollte sie schon bei der Bestellung den Verwaltungsbeirat ermächtigen, den Vertrag im Namen der Gemeinschaft zu unterschreiben. Sonst müsste jeder Miteigentümer mit unterzeichnen. Dabei ist zu unterscheiden, ob der Beirat lediglich die Unterzeichnung im Auftrag der Gemeinschaft vornehmen oder sich auch inhaltlich mit den Bestimmungen des Verwaltervertrags befassen soll. Das sollte die Gemeinschaft deutlich zum Ausdruck bringen.

Bei der Abwicklung des Vertragsabschlusses kann der Verwaltungsbeirat wertvolle Dienste leisten.

Idealerweise beauftragt die Gemeinschaft den Beirat mit beiden Aufgaben. Was den Inhalt des Vertrags anbelangt, sollte die Gemeinschaft dem Beirat die wesentlichen Eckpunkte vorgeben. Wenn der Beirat – gegebenenfalls nach Klärung mit einem Anwalt – wesentliche Änderungen vorschlägt, sollte er diese vorher noch einmal den Miteigentümern zur Zustimmung vorlegen. Es sei denn, der Beirat hat eine entsprechend weitgefasste Vollmacht von der Gemeinschaft erhalten.

Kündigung des Verwaltervertrags und Abberufung des Verwalters

Der Verwaltervertrag kann während der vereinbarten Laufzeit nur aus einem wichtigem Grund gekündigt werden. Ein solcher liegt vor, wenn der Gemeinschaft die Zusammenarbeit mit dem Verwalter nicht länger zugemutet werden kann, beispielsweise der Verwalter gemeinschaftliche Gelder unterschlagen oder Provisionen für den Abschluss von Versicherungsverträgen nicht an die Gemeinschaft abgeführt hat.

Die Kündigung des Vertrags ist nicht dasselbe wie die Abberufung des Verwalters. Die Abberufung bewirkt – unabhängig von der Beendigung des Vertrags –, dass der Verwalter von seinem Amt entbunden wird. Die Abberufung kann grundsätzlich jederzeit durch Mehrheitsbeschluss erfolgen, sofern nicht in der Teilungserklärung festgehalten ist, dass der Verwalter nur aus einem wichtigen Grund abberufen werden kann. Letzteres ist in den meisten Teilungserklärungen bzw. Gemeinschaftsordnungen jedoch vorgesehen. In diesen Fällen wird die Gemeinschaft bei Vorliegen eines triftigen Grunds die Abberufung des Verwalters beschließen und gleichzeitig den Verwaltervertrag fristlos kündigen. Stellt sich also beispielsweise heraus, dass der Verwalter Gelder der Gemeinschaft veruntreut hat, wird die Gemeinschaft ihn nicht nur mit sofortiger Wirkung von seinem Amt entheben (Abberufung), sondern gleichzeitig den Verwaltervertrag fristlos kündigen und eine eventuell erteilte Vollmacht zurückverlangen.

Die meisten Verwalterverträge enthalten üblicherweise eine Reihe von Regelungen, welche die Verwaltertätigkeit im Einzelnen festlegen. Auf Seite 45 finden Sie eine Übersicht der wichtigsten Punkte.

Auch wenn die Vergütung kein unwichtiger Aspekt bei der Verwalterauswahl ist, sollte sie nicht das primäre Kriterium bei der Entscheidungsfindung sein.

Eine zentrale Regelung betrifft die Vergütung des Verwalters. Normalerweise richtet sie sich nach der Zahl der Einheiten, wobei zwischen Wohnungen und Garagen unterschieden wird. Zu berücksichtigen ist jedoch auch die Größe sowie der Zustand der Anlage. Stehen beispielsweise erhebliche Sanierungsarbeiten an, kann dies zu Aufschlägen bei der Vergütung führen. Als erste Orientierung können die Verwaltungskosten im sozialen Wohnungsbau herangezogen werden, die aber für den freien Markt eher die Untergrenze darstellen dürften. Diese belaufen sich jährlich auf 275 Euro für eine Wohnung und 30 Euro für eine Garage. Ein mittlerer Wert auf dem nicht gebundenen Markt dürfte zwischen 240 und 360 Euro (Wohnung) sowie 24 und 48 Euro (Garage) liegen. Oft wird zwischen Grundleistungen und Sondervergütungen unterschieden. Voraussetzung für eine Sondervergütung ist aber immer, dass diese in einer entsprechenden Regelung im Verwaltervertrag vorgesehen ist oder anderweitig eine vorherige Vereinbarung getroffen wurde. Als Beispiele für eine Sondervergütung kommen folgende Tätigkeiten in Betracht:

- Durchführung von Versammlungen, die zusätzlich zur jährlich abzuhaltenden Eigentümerversammlung stattfinden,
- Übernahme der Mietverwaltung für eine vermietete Eigentumswohnung, sofern hierüber vorher mit dem vermietenden Eigentümer eine Vereinbarung getroffen wurde,
- Erstellung von Bescheinigungen über haushaltsnahe Dienstleistungen,
- Durchführung von größeren Bau-/Umbauvorhaben.

✔ Checkliste: Typische Regelungen des Verwaltervertrags

☐ Vertragsparteien

☐ Laufzeit des Vertrags

☐ Kündigungsgründe und -fristen

☐ Aufzählung der Aufgaben des Verwalters

☐ Vergütungsregelung

☐ Zahlungsweise und Vergütungskonto

☐ Regelung über Zahlung von Auslagen und sonstigen Kosten des Verwalters. Diese sind meist mit der Vergütung abgegolten. Etwas anderes kann zum Beispiel für die Vergütung gelten, die der Verwalter erhält, wenn mehr als eine Eigentümerversammlung im Jahr abgehalten wird

☐ Angabe der Konten, die vom Verwalter für die Gemeinschaft geführt werden

☐ Pflicht zur Trennung von Geldern der Eigentümergemeinschaft – Hausgeldkonto und Instandhaltungsrücklagenkonto – und privatem Vermögen des Verwalters. Handelt es sich um einen gewerblichen Verwalter, muss das Geld natürlich auch von den Geldern anderer Gemeinschaften getrennt werden

☐ Regelung über die Möglichkeit, in Abrechnungsunterlagen außerhalb der jährlichen Abrechnung Einsicht zu nehmen, was meist im Büro des Verwalters geschehen kann

☐ Pflicht des Verwalters, in regelmäßigen Abständen zu überprüfen, inwieweit an der Anlage Instandhaltungs- und Instandsetzungsarbeiten vorgenommen werden müssen

☐ Regelung, inwieweit der Verwalter Dritte, das heißt vor allem Mitarbeiter, mit einzelnen Aufgaben betreuen darf

☐ Regelung, ob und inwieweit der Verwalter befugt ist, Gewährleistungsansprüche gegenüber Handwerkern geltend zu machen und durchzusetzen

☐ Pflicht des Verwalters, bei Beendigung seiner Tätigkeit eine ordnungsgemäße Abrechnung zu erstellen

☐ Regelung über Abänderung des Verwaltervertrags durch Mehrheitsbeschluss der Gemeinschaft und Zustimmung des Verwalters

☐ Vertragsbeginn, Unterschriften und Datum

Stellung und Aufgaben des Verwalters

Die Aufgaben des Verwalters sollten jedem Wohnungseigentümer bekannt sein.

Welche Aufgaben vom Verwalter im Einzelnen zu übernehmen sind, ergibt sich aus den Bestimmungen des Wohnungseigentumsgesetzes. Die darin vorgesehenen Aufgaben sind zwingend. Weder in der Teilungserklärung noch auf andere Weise können einzelne dieser Pflichten ausgenommen werden. Allerdings ist es möglich, die gesetzlichen Aufgaben des Verwalters zu erweitern, was in der Praxis häufig vorkommt. Im Einzelnen muss der Verwalter nach dem Gesetz folgende Aufgaben erfüllen:

Umsetzung der Beschlüsse

Der Verwalter ist verpflichtet, die von der Wohnungseigentümergemeinschaft gefassten Beschlüsse umzusetzen. Außerdem hat er dafür zu sorgen, dass die Hausordnung eingehalten wird. **Beispiel:** Die Gemeinschaft beschließt, rückständige Hausgeldforderungen gegen einen säumigen Miteigentümer gerichtlich geltend zu machen, und beauftragt hiermit den Verwalter.

Instandhaltung

Er hat die erforderlichen Maßnahmen zur ordnungsgemäßen Instandhaltung und Instandsetzung des gemeinschaftlichen Eigentums zu veranlassen. Diese Pflicht beschränkt sich jedoch darauf, die Wohnungseigentümer über die notwendigen Maßnahmen zu unterrichten sowie die Entscheidung über das weitere Vorgehen herbeizuführen. **Beispiel:** Der Verwalter weist die Gemeinschaft darauf hin, dass die Heizanlage die gesetzlichen Emissionswerte nicht mehr einhält, und stellt die möglichen Alternativen vor. Die Gemeinschaft beschließt, die Anlage zu sanieren. Anschließend wählt der Verwalter einen geeigneten Handwerker aus und erteilt diesem im Namen der Gemeinschaft den Auftrag.

Finanzverwaltung

Der Verwalter ist verpflichtet, die Gelder der Gemeinschaft zu verwalten. Dazu gehören neben den eingezahlten Hausgeldern auch alle sonstigen Einnahmen der Gemeinschaft. Nachdem die Teilrechtsfähigkeit des Verbands vom Gesetz anerkannt ist, muss das Konto auch auf den Namen der Gemeinschaft lauten. **Beispiel:** Die Gemeinschaft vermietet Pkw-Abstellplätze an Dritte. Der Verwalter muss diese Mieteinnahmen entgegennehmen und entsprechend dem Beschluss der Eigentümer anlegen.

Erhaltungspflicht

Obwohl Instandhaltungs- und Instandsetzungsarbeiten grundsätzlich Angelegenheit der Eigentümergemeinschaft sind, ist der Verwalter in dringenden Fällen berechtigt, die erforderlichen Maßnahmen zur Erhaltung des gemeinschaftlichen Eigentums zu ergreifen. **Beispiel:** Sie sind im Urlaub und ein Wasserrohr bricht. Der Verwalter lässt die Wohnung öffnen und den Rohrbruch beheben, um weitere Schäden zu vermeiden.

Forderungen

Bei gemeinschaftlichen Angelegenheiten der Wohnungseigentümer ist der Verwalter berechtigt, im Namen aller Lasten- und Kostenbeiträge, Tilgungsbeiträge und Hypothekenzinsen einzufordern, in Empfang zu nehmen bzw. abzuführen. Das geschieht auch unabhängig davon, ob die Kosten zugunsten oder zulasten der Wohnungseigentümer entstehen. **Beispiel:** Die Eigentümergemeinschaft hat einem Dritten ein Darlehen eingeräumt. Der Verwalter macht im Namen der Gemeinschaft die Tilgungs- und Zinszahlungen geltend.

Geldverkehr

Der Verwalter darf Zahlungen und Leistungen bewirken und entgegennehmen, die mit der laufenden Verwaltung des gemeinschaftlichen Eigentums zusammenhängen. **Beispiel:** Der Verwalter überweist den Rechnungsbetrag für eine an die Gemeinschaft erfolgte Heizöllieferung.

Fristwahrung

Der Verwalter kann die erforderlichen Maßnahmen treffen, um eine Frist zu wahren oder einen sonstigen Rechtsnachteil für die Gemeinschaft abzuwenden. **Beispiel:** Der Eigentümergemeinschaft wurde eine baurechtliche Verfügung zugestellt, nach welcher eine Antenne zu entfernen ist. Während die Gemeinschaft darüber diskutiert, wie weiter zu verfahren ist, droht eine Frist abzulaufen. Der Verwalter legt daher vorsorglich den entsprechenden Rechtsbehelf ein.

Entgegennahme von Zustellungen

Der Verwalter ist berechtigt, Willenserklärungen und Zustellungen entgegenzunehmen, soweit sie an alle Wohnungseigentümer gerichtet sind. **Beispiel:** Ein von der Gemeinschaft angestellter Hausmeister kündigt. Dieser richtet sein Kündigungsschreiben an die Gemeinschaft, überreicht es aber dem Verwalter.

Geltendmachung von Ansprüchen

Er ist berechtigt, Ansprüche gerichtlich und außergerichtlich geltend zu machen, sofern er durch einen Beschluss der Wohnungseigentümer hierzu bevollmächtigt ist. **Beispiel:** Die Gemeinschaft ermächtigt den Verwalter, Gewährleistungsansprüche gegen einen Handwerker gerichtlich zu erheben.

Zustimmungserklärungen

Der Verwalter darf bestimmte Zustimmungserklärungen für die erforderlichen Maßnahmen abgeben, um eine Telefoneinrichtung, eine Rundfunkempfangsanlage oder einen Energieversorgungsanschluss herzustellen. **Beispiel:** Der Verwalter gibt eine für den Kabelfernsehanschluss erforderliche Erklärung für die Eigentümergemeinschaft ab.

Einberufung der Eigentümerversammlung

Darüber hinaus ist es Sache des Verwalters, die Eigentümerversammlung einzuberufen und ihren Vorsitz zu führen. Außerdem hat er die dort gefassten Beschlüsse in einer Niederschrift, also einem Protokoll, festzuhalten. Wenn die Erstversammlung nicht beschlussfähig ist, muss er eine Wiederholungsversammlung einberufen. Außerdem ist er verpflichtet, den Wirtschaftsplan aufzustellen, die Jahresabrechnung vorzulegen und der Gemeinschaft auf Verlangen Rechnung zu legen.

Beschlusssammlung

Schließlich hat der Verwalter nach der Reform des Wohnungseigentumsgesetzes eine sogenannte Beschlusssammlung zu führen, in der alle von der Eigentümergemeinschaft gefassten Beschlüsse aufgenommen werden müssen. Auf diese Weise können sich insbesondere später hinzugekommene Miteigentümer schnell ein Bild über die Beschlusslage innerhalb der Gemeinschaft verschaffen. Ein Erwerber sollte zum Beispiel wissen, welche Beschlüsse die Gemeinschaftsordnung ändern kann. Deshalb spielt die Beschlusssammlung gerade in diesem Fall eine entscheidende Rolle. **Beispiel:** Im Jahr 2011 wurde ein Beschluss gefasst, wonach für die Abrechnung der Wasserkosten anstelle des Miteigentumsanteils nunmehr die Wohnfläche der jeweiligen Wohnung zugrunde gelegt wird. Ein potenzieller Miteigentümer, der sich im Jahr 2012 für eine Wohnung interessiert, kann sich durch einen Blick in die Beschlusssammlung von dieser Änderung Kenntnis verschaffen. Aber: Die Verpflichtung zur Beschlusssammlung gilt nicht für Beschlüsse vor der Reform des Gesetzes.

Sonstige Aufgaben und Pflichten des Verwalters

Weitere Aufgaben können dem Verwalter übertragen werden: So kann er beispielsweise Zustimmungserklärungen abgeben, wenn Wohnungseigentum veräußert oder vermietet werden soll. Wie schon erwähnt besteht die Möglichkeit, ihm die Zustimmungsbefugnis für bauliche Veränderungen zu übertragen. Im Übrigen ist der Verwalter aus allgemeinen vertraglichen Gesichtspunkten heraus verpflichtet, den Wohnungseigentümern Einblick in die bei ihm befindlichen Verwaltungs- und Abrechnungsunterlagen zu gewähren. Außerdem hat er für einen einzelnen Wohnungseigentümer auf Wunsch Kopien zu erstellen. Dafür müssen ihm allerdings die Kosten erstattet werden.

Zu den im Gesetz geregelten Verwalteraufgaben können weitere hinzukommen.

Um das Vermögen zu verwalten, ist es für die Gemeinschaft sinnvoll, die Verfügungsmöglichkeiten des Verwalters über Gelder der Gemeinschaft einzuschränken: So kann beispielsweise durch Mehrheitsbeschluss oder durch Vereinbarung geregelt werden, dass der Verwalter die Zustimmung eines Wohnungseigentümers oder des Verwaltungsbeirats einholen muss, wenn der Betrag eine bestimmte Höhe überschreitet. Parallel sollte eine entsprechende Regelung in den Kontoführungsvertrag mit der Bank aufgenommen werden. Durch derartige Beschränkungen erwirkt die Gemeinschaft eine gewisse Sicherheit, dass keine größeren Vermögensschäden durch strafbare Handlungen des Verwalters entstehen. Die Höhe des verfügbaren Betrags hängt von der Größe der Anlage ab. Übliche Handwerkerrechnungen und Ausgaben sollten aus praktischen Erwägungen vom Verwalter bezahlt werden können, bei darüber hinausgehenden Beträgen sollte die Beschränkung greifen.

Seiner Auskunftspflicht kommt der Verwalter im Wesentlichen im Rahmen der Eigentümerversammlung nach.

In der Eigentümerversammlung ist der Verwalter den einzelnen Miteigentümern gegenüber auskunftspflichtig. Außerhalb der Versammlung muss er nur in Ausnahmefällen Auskunft erteilen, und zwar wenn ein berechtigtes und akutes Interesse besteht. Wenn sein Vertrag endet, muss der Verwalter die ihm überlassenen und zugegangenen Unterlagen an die Gemeinschaft übergeben. Diese Herausgabepflicht beschränkt sich jedoch nicht nur auf Unterlagen, zum Beispiel Vollmachten, Baupläne, Beschlusssammlung, Hausakten etc., sondern umfasst auch Gelder, Sparbücher, Schlüssel, Geräte und dergleichen.

Die Gemeinschaft muss wiederum dem Verwalter eine Vollmacht und Ermächtigungsurkunde ausstellen, mit der er den genauen Umfang seiner Vertretungsmacht gegenüber Dritten nachweisen kann (siehe Beispiel auf Seite 51).

Die Haftung des Verwalters

Beispiel

Der Verwalter wird durch Beschluss beauftragt, Gewährleistungsansprüche gegen einen Handwerker geltend zu machen. Da der Verwalter nicht tätig wird, verjähren diese Ansprüche; der Verwalter hat der Gemeinschaft den dadurch entstandenen Schaden zu ersetzen. Oder: Der Verwalter unterlässt die regelmäßige Kontrolle der Anlage, obwohl dies in seinen Aufgabenbereich fällt. Deshalb übersieht er, dass sich einzelne Dachziegel gelockert haben. Beschädigt ein herabfallender Ziegel das Auto eines Dritten, ist der Verwalter zum Schadenersatz verpflichtet.

Wenn ein Verwalter seine Pflichten nicht ordnungsgemäß erfüllt, haftet er gegenüber der Eigentümergemeinschaft. Der Verwalter kann sich auch im Verhältnis zu Dritten schadenersatzpflichtig machen, die infolge seines Verschuldens zu Schaden gekommen sind.

Beispiel: Verwaltervollmacht

Die Eigentümergemeinschaft Bahnhofstraße 37
in 55555 Altstadt erteilt hiermit dem Verwalter

Immo-Service GmbH
Geschäftsführer: Mario Mustermann
Hofgasse 7
55555 Altstadt

Vollmacht,

die Eigentümergemeinschaft bei der Verwaltung der Wohnanlage
gerichtlich und außergerichtlich zu vertreten. Die Vollmacht
ermächtigt zur Vertretung gegenüber Behörden und privaten
Personen sowie Unternehmen.

Der Verwalter ist berechtigt, im Namen der Eigentümergemeinschaft
Verträge abzuschließen, zu kündigen oder sonstige Rechtsgeschäfte
vorzunehmen. Er ist bevollmächtigt und berechtigt, die von den
Wohnungseigentümern zu entrichtenden Zahlungen einzuziehen und
diese gegenüber säumigen Miteigentümern gerichtlich geltend zu
machen, die Beschlüsse durchzuführen und für die Einhaltung der
Hausordnung zu sorgen.

Der Verwalter hat die für die ordnungsgemäße Instandhaltung des
gemeinschaftlichen Eigentums erforderlichen Maßnahmen zu treffen,
Zahlungen und Leistungen zu bewirken und entgegenzunehmen und
die mit der laufenden Verwaltung des gemeinschaftlichen Eigentums
zusammenhängenden Willenserklärungen und Zustellungen an die
Gemeinschaft entgegenzunehmen.

Kommt es zu Rechtsstreitigkeiten, ist der Verwalter berechtigt,
einen Rechtsanwalt zu beauftragen und mit diesem eine Vereinbarung
über den Streitwert zu treffen.

Diese Vollmacht ermächtigt nicht zur Veräußerung oder Belastung
von gemeinschaftlichem Eigentum.

Eine Übertragung der Vollmacht ist unzulässig. Von den
Beschränkungen des § 181 BGB ist der Verwalter befreit.

Altstadt, den 17. April 2012
(Unterschriften aller Miteigentümer)

Der Verwaltungsbeirat

Funktion und Aufgaben des Beirats

Neben der Eigentümergemeinschaft und dem Verwalter kann sich ein Verwaltungsbeirat an der Verwaltung einer Wohnanlage beteiligen. Das Wohnungseigentumsgesetz erwähnt zwar die Bestellung eines solchen Beirats, doch zwingend vorgeschrieben ist sie nicht. Allerdings kann die Teilungserklärung oder Gemeinschaftsordnung vorsehen, einen Verwaltungsbeirat zu bestellen. Erzwungen werden kann die Wahl eines Beirats aber auch dann nicht. Die Wahl eines Beirats setzt nämlich voraus, dass es genügend Bewerber bzw. Freiwillige gibt. Gibt es keine oder zu wenige Bewerber, kann die Wahl nicht durch „Zwangsverpflichtung" erzwungen werden. Das klingt nach einer Selbstverständlichkeit, solche Forderungen kommen in der Praxis allerdings nicht selten vor. Fehlt eine solche Regelung, ist es möglich, dass die Eigentümergemeinschaft einen Beirat bestellt. Dafür reicht ein Mehrheitsbeschluss.

Auch wenn das Gesetz eine Bestellung nicht vorschreibt, empfiehlt sich die Einrichtung eines Verwaltungsbeirats.

Ein Verwaltungsbeirat ist grundsätzlich zu empfehlen, er erleichtert die Kommunikation zwischen der Gemeinschaft und dem Verwalter. Für die einzelnen Mitglieder der Gemeinschaft ist es hilfreich, wenn sie sich mit einzelnen Fragen an jemanden aus ihrer Mitte wenden können. Auf diese Weise werden Anfragen und Wünsche gesammelt und können dann gebündelt vom Beirat an den Verwalter weitergeleitet werden. Ein Beirat fördert so das Miteinander innerhalb der Gemeinschaft. Häufig können aufkeimende Konflikte bereits im Vorfeld bereinigt und eine Verhärtung der Fronten vermieden werden. Das alles kann der Beirat nur leisten, wenn ihm die Gemeinschaft entsprechenden Respekt entgegenbringt. Der Beirat wiederum muss seine Tätigkeit kompetent, sachlich und unabhängig ausüben. Unter diesen Voraussetzungen kann ein Verwaltungsbeirat nicht nur zwischen der Gemeinschaft und dem Verwalter, sondern auch zwischen den Eigentümern untereinander vermitteln.

Tipp

Ein gut funktionierender Verwaltungsbeirat ist für die Gemeinschaft von zentraler Bedeutung. Achten Sie darauf, dass er mit kompetenten Vertretern besetzt ist und seine – in der Regel – ehrenamtliche Tätigkeit respektiert wird.

Es ist möglich und in der Regel sinnvoll, dem Verwaltungsbeirat eine starke Mittler- oder Schlichtungsfunktion einzuräumen. Ein gut funktionierender und akzeptierter Verwaltungsbeirat kann durchaus in der Lage sein, aufkommende Konflikte in einem frühen Stadium aufzulösen und damit der Eigentümergemeinschaft weitergehende Auseinandersetzungen zu ersparen.

Die Aufgaben des Verwaltungsbeirats bestehen hauptsächlich darin, den Verwalter zu unterstützen und zu beraten. In Betracht kommen beispielsweise folgende Aufgaben:

- Vorschläge einzelner Tagesordnungspunkte für die Eigentümerversammlung,
- Beratung über die Notwendigkeit von Reparaturen,
- Prüfung und Stellungnahmen zu Wirtschaftsplan, Abrechnungen und Kostenvoranschlägen im Vorfeld der Eigentümerversammlung,
- Mitunterzeichnung der Versammlungsniederschrift,
- Einberufung einer Versammlung, wenn kein Verwalter im Amt ist,
- Befugnis, bei der Überwachung der Hausordnung mitzuwirken,
- Mitwirkung bei der Überweisung von Geldern der Gemeinschaft,
- Unterzeichnung des Verwaltervertrags im Auftrag der Gemeinschaft.

In welchen Bereichen der Verwaltungsbeirat besonders gut unterstützen kann, hängt auch vom beruflichen Hintergrund seiner Mitglieder ab.

Obwohl die Aufgaben des Verwaltungsbeirats nicht unbedingt festgeschrieben werden müssen, empfiehlt es sich, **einige wichtige Punkte** frühzeitig zu regeln. Die beste Gelegenheit dafür bietet bereits die Beschlussfassung, in welcher der Verwaltungsbeirat bestellt wird. Festgehalten werden sollten vor allem die folgenden Punkte:

- ein Bestellungszeitraum (wobei nach dem Gesetz keine Amtszeit vorgeschrieben ist),
- die Mitglieder,
- Person des Vorsitzenden und der beiden Beisitzer,
- eine mögliche Geschäftsordnung des Beirats,
- Regelungen über die Vergütung und Haftung seiner Mitglieder.

In der Praxis hat es sich bewährt, für die Aufgaben und die Arbeitsweise des Verwaltungsbeirats eine **Geschäftsordnung** festzulegen. Die Gemeinschaft kann bei der Bestellung des Beirats gleichzeitig entscheiden, dass sich dieser eine eigene Geschäftsordnung gibt. Mögliche Punkte, die in einer Geschäftsordnung des Verwaltungsbeirats geregelt werden können, sind in der Checkliste auf dieser Seite zusammengefasst.

In größeren Anlagen werden häufig spezielle Angelegenheiten in eigene Ausschüsse verlegt, zum Beispiel in einen Vergabeausschuss für Aufträge ab einer bestimmten Größenordnung.

✓ Checkliste: Geschäftsordnung des Verwaltungsbeirats

☐ Vorsitz, Einberufung und Häufigkeit der Sitzungen

☐ Protokollierung der Sitzungsergebnisse

☐ Beschlussfassung

☐ Stellungnahmen des Verwaltungsbeirats gegenüber der Eigentümerversammlung

☐ Stellvertretung des Vorsitzenden

☐ Vertretung gegenüber der Hausverwaltung

☐ Schlussbestimmungen

Wird die Geschäftsordnung durch die Gemeinschaft beschlossen, sollten zusätzlich noch folgende Punkte geregelt werden:

☐ Aufgabenbereich des Verwaltungsbeirats

☐ Haftung, Abschluss einer Haftpflichtversicherung, Aufwendungsersatz und Vergütung

☐ Amtszeit und Wiederwahl

☐ Teilnahme Dritter an den Sitzungen des Beirats

Zusammensetzung und Wahl des Beirats

Die Standardbesetzung eines Verwaltungsbeirats besteht aus einem Vorsitzenden und zwei Beisitzern.

Wird ein Verwaltungsbeirat bestellt, so sieht das Gesetz einen Wohnungseigentümer als Vorsitzenden und zwei weitere Wohnungseigentümer als Beisitzer vor. Sinnvoll ist auch die Wahl von Ersatzmitgliedern, die einspringen können, wenn ein Beiratsmitglied ausscheidet. Bei der Besetzung des Beirats bietet es sich an, Personen auszuwählen, die aufgrund ihrer Ausbildung oder ihrer Kenntnisse die Bereiche Technik/Bau/Vergabe einerseits und Verwaltung/Recht/Versicherungen/Geldanlage andererseits kompetent betreuen können.

Ein Vorsitzender kann auf zwei verschiedene Weisen bestimmt werden: Die Eigentümerversammlung entscheidet bei der Wahl des Beirats, wer als Vorsitzender fungieren soll. Geschieht dies nicht, können die Beiräte selbst den Vorsitzenden wählen.

Nach dem Gesetz hat der Beiratsvorsitzende oder sein Stellvertreter in bestimmten Fällen das Recht, eine Eigentümerversammlung anzusetzen. Zum Beispiel wenn sich der Verwalter pflichtwidrig weigert, eine Versammlung einzuberufen, oder wenn ein Verwalter fehlt. Um diese Möglichkeiten in vollem Umfang zu gewährleisten, ist es ratsam, bereits bei der Wahl des Beirats einen der dieser Beisitzer zum Stellvertreter des Vorsitzenden zu bestimmen.

Wie bereits erwähnt, erfolgt die Wahl des Verwaltungsbeirats normalerweise durch Mehrheitsbeschluss. Zu Diskussionen führt häufig die Frage, ob der gesamte Beirat durch einen Beschluss (Blockwahl) oder jedes Mitglied separat gewählt werden soll. In der Regel erscheint die Einzelwahl sinnvoller; das mögliche Anfechtungsrisiko einer Blockwahl

Achtung!

Werden Externe zu Verwaltungsbeiräten bestellt oder mehr als drei Beiräte gewählt, ohne dass eine solche Vereinbarung vorliegt, sind die zugrunde liegenden Beschlüsse anfechtbar. In keinem Fall dürfen der Verwalter oder einer seiner Mitarbeiter zu Mitgliedern des Verwaltungsbeirats bestellt werden.

ist damit von vornherein vermieden. Da das Gesetz keine zeitliche Begrenzung vorsieht, bietet es sich an, bereits bei der Bestellung eine Amtszeit des Beirats festzulegen. Damit weiß jedes Beiratsmitglied, für welchen Zeitraum das Amt zunächst auszuüben ist. Die Amtszeit sollte nicht unbedingt an die Laufzeit des Verwaltervertrags gekoppelt sein. Wird beispielsweise der Vertrag mit dem Verwalter beendet, muss der Beirat den Vertrag für den neuen Verwalter vorbereiten; es ist in der Regel günstig, wenn das der alte Beirat machen kann. Sollte es zu Verzögerungen kommen, benötigt man auch jemanden, der eine Eigentümerversammlung einberufen kann. Sicherheitshalber sollte man daher die Amtszeit des Beirats nicht mit der Laufzeit des Verwaltervertrags verknüpfen.

Fehlt eine zeitliche Begrenzung, bleibt der Beirat so lange im Amt, bis neue Beiratsmitglieder gewählt sind. Vorher kann der Verwaltungsbeirat aber jederzeit durch Mehrheitsbeschluss abberufen werden. Scheidet ein Beirat aus der Eigentümergemeinschaft aus, endet automatisch seine Mitgliedschaft im Verwaltungsbeirat.

Nach der gesetzlichen Regelung können nur Miteigentümer zu Mitgliedern des Verwaltungsbeirats bestellt werden. Durch eine entsprechende Vereinbarung kann in der Teilungserklärung oder der Gemeinschaftsordnung davon abgewichen werden. Insbeson-

Grundsätzlich können nur Miteigentümer zu Verwaltungsbeiräten bestellt werden.

dere Gemeinschaften in größeren Anlagen können so im Beirat von externen Spezialisten profitieren, beispielsweise von Ingenieuren oder Architekten, Versicherungsexperten, Buchhaltern oder Anwälten. Ebenso ist gesetzlich verankert, dass es mindestens drei Beiratsmitglieder gibt.

Ende der Beiratstätigkeit

Da die Beiratstätigkeit ehrenamtlich ausgeübt wird, kann sie grundsätzlich jederzeit beendet werden.

Grundsätzlich kann ein Beiratsmitglied seine Tätigkeit jederzeit ohne Angabe von Gründen niederlegen. Aber auch die Gemeinschaft kann mit Stimmenmehrheit den Beirat abberufen. Da die Tätigkeiten von Beirat und Verwalter einander ausschließen, endet eine Mitgliedschaft im Verwaltungsbeirat automatisch, wenn ein Beiratsmitglied zum Verwalter gewählt wird. Der alte Verwaltungsbeirat ist verpflichtet, dem neuen Beirat alle Unterlagen und Akten zu geben, die dieser benötigt, um seine Aufgaben zu erfüllen.

Die Arbeit des Verwaltungsbeirats

Tipp

Es ist nützlich, die Arbeitsweise des Verwaltungsbeirats in einer Geschäftsordnung zu regeln. Dies hilft auch, eine Abgrenzung zu den Befugnissen des Verwalters bzw. der Eigentümerversammlung vorzunehmen.

Einzelheiten der Arbeitsweise des Verwaltungsbeirats können in einer Geschäftsordnung oder Satzung geregelt werden. Fehlt eine solche, beruft der Vorsitzende den Beirat bei Bedarf ein. Die Aufgaben des Beirats wurden auf Seite 52 bereits beschrieben. Seine Funktion liegt in der Unterstützung des Verwalters, deshalb muss darauf geachtet werden, dass er nicht selbst Aufgaben übernimmt, die eigentlich dem Verwalter zugeordnet sind. Denn es ist unzulässig, dem Beirat Aufgaben zu übertragen, die in die originäre Zuständigkeit des Verwalters oder der Eigentümergemeinschaft (Versammlung) fallen. So darf der Beirat beispielsweise nicht die Jahresabrechnung eigenständig erstellen oder gar anstelle der Eigentümergemeinschaft genehmigen. Ebenso wenig darf er

■ den Verwalter bestellen oder abberufen,
■ Aufträge für Sanierungs- oder Modernisierungsaufgaben vergeben,
■ Beschlüsse der Eigentümerversammlung ändern oder aufheben.

Der Verwaltungsbeirat ist beschlussfähig, wenn mehr als die Hälfte seiner Mitglieder anwesend sind. Jedes Mitglied hat eine Stimme. Bei Stimmengleichheit gilt ein Beschluss als abgelehnt. Die Beschlüsse des Verwaltungsbeirats können nicht vor Gericht angefochten werden. Über die Sitzungen sollte sinnvollerweise ein Protokoll angefertigt werden, welches von den Beiräten unterschrieben wird.

Beispiele

In der Praxis werden dem Beirat beispielsweise folgende Zusatzaufgaben übertragen:

- Kontrolle des Verwalters,
- Geltendmachung von Gewährleistungs- oder Schadenersatzansprüchen,
- Abnahme von Bauleistungen (Sanierung oder Modernisierung).

Dem Beirat können über die im Gesetz vorgesehenen Aufgaben hinaus weitere Befugnisse erteilt werden. Diese Erweiterung muss jedoch in der Teilungserklärung bzw. Gemeinschaftsordnung vorgesehen sein oder durch einen Beschluss herbeigeführt werden. Das kann allerdings zu Problemen führen und ob ein einstimmiger Beschluss ausreicht, ist umstritten. Zumal man juristisch zwischen „einstimmig" (Stimmen aller, die zur Versammlung erschienen sind) und „allstimmig" unterscheidet (Stimmen aller Eigentümer, auch der nicht erschienen oder vertretenen Eigentümer).

Zusammenarbeit mit dem Verwalter

Damit der Verwaltungsbeirat seine Arbeit erledigen kann, muss der Verwalter die hierzu erforderlichen Auskünfte erteilen und Einsicht in die Verwaltungsunterlagen gewähren. Ein Recht auf Teilnahme an den Sitzungen des Verwaltungsbeirats hat der Verwalter nicht. Der Beirat befindet im eigenen Ermessen darüber, ob er den Verwalter oder andere Miteigentümer an seinen Sitzungen teilnehmen lässt. Das bietet sich beispielsweise an, wenn es um die Rechnungsprüfung nach einer größeren Sanierungsmaßnahme geht.

Verwalter bieten oft Fortbildungsmöglichkeiten zu aktuellen Themen der Verwaltungsratstätigkeit an. Häufig lädt ein Verwalter bzw. eine Verwaltungsfirma alle Beiräte der betreuten Einheiten zu ganz- oder halbtägigen Seminaren ein. Gegen ein relativ niedriges Entgelt, das in der Regel der Wohnungseigentümergemeinschaft insgesamt berechnet wird, referieren dort der Verwalter oder auch

Vom Verwalter angebotene Seminare für die Beiräte erhöhen die Qualität der Zusammenarbeit und fördern ein vertrauensvolles Miteinander.

externe Spezialisten zu bestimmten Themen. Auf diesen Veranstaltungen können die Beiräte aller Wohneinheiten Erfahrungen austauschen, das fördert ebenfalls den Erfolg der Arbeit im Beirat.

Vergütung

Eine Vergütung für die Mitglieder des Verwaltungsbeirats ist nicht zwingend vorgesehen. In der Regel sind die Mitglieder des Beirats ehrenamtlich und damit ohne Vergütungsanspruch tätig. Allerdings müssen ihnen die entstandenen Auslagen erstattet werden. Dazu gehören Telefon-, Porto-, Fahrt- und Reisekosten sowie die Kosten für die Anschaffung einschlägiger Fachliteratur. Bei größeren Gemeinschaften kann es sinnvoll sein, eine Vergütungsregelung zu treffen, die auch die Auslagen umfasst. Das Geld ist gut angelegt, wenn man bedenkt, dass ein gut arbeitender Beirat viel dazu beiträgt, eine Anlage effizient zu verwalten.

Die Haftung des Verwaltungsbeirats

Nach den gesetzlichen Regelungen zu Vorsatz und Fahrlässigkeit haften die Mitglieder des Verwaltungsbeirats für Schäden, die aus ihrer Tätigkeit entstehen. Sind sie unentgeltlich tätig, gilt ein anderer Haftungsmaßstab. Bei ehrenamtlich Tätigen verlangt die Rechtsprechung eine weniger strenge Sorgfalt als bei einer Arbeit gegen Vergütung. Dennoch ist es möglich, die Haftung des ehrenamtlichen Beirats von vornherein zu beschränken. Das kann bereits in dem Beschluss formuliert sein, mit dem der Beirat bestellt wird.

So kann beispielsweise die Haftung der Beiratsmitglieder für ihre Tätigkeit auf Vorsatz und grobe Fahrlässigkeit begrenzt werden. Für leicht fahrlässig verursachte Fehler haften sie dann nicht. Alternativ gibt es für Mitglieder des Verwaltungsbeirats die Möglichkeit, eine entsprechende Haftpflichtversicherung abzuschließen. Die Prämien für eine Beirats-Haftpflichtversicherung werden im Normalfall von der Eigentümergemeinschaft getragen.

Um die Interessen der Verwaltungsbeiratsmitglieder zu schützen, kann auch geregelt werden, dass sie einen Anspruch auf Entlastung haben, wenn keine Anhaltspunkte für ein Fehlverhalten vorliegen. Ein solcher Anspruch kann bei der Bestellung der Verwaltungsbeiräte mit beschlossen oder in einer Geschäftsordnung bzw. Satzung des Beirats verankert werden. Folge: Wird dem Beirat Entlastung erteilt, bedeutet dies eine Billigung der von ihm geleisteten Arbeit und einen Verzicht darauf, Haftungsansprüche geltend zu machen. Mit einer Entlastung kann ein Beiratsmitglied sicher sein, dass es nicht wegen Tätigkeiten in Zusammenhang mit seiner Beiratstätigkeit in Anspruch genommen werden kann.

Im Interesse der Verwaltungsbeiräte sollte eine Entlastung vorgesehen sein.

Die Eigentümerversammlung

Welche Aufgaben hat die Eigentümerversammlung?

Die Versammlung der Wohnungseigentümer ist das oberste Entscheidungsorgan der Gemeinschaft und hat nach dem Gesetz mindestens einmal jährlich stattzufinden. Dort werden Beschlüsse gefasst, Informationen ausgetauscht und Fragen von gemeinsamem Interesse diskutiert. Grundsätzlich beschäftigt sich die Eigentümerversammlung nur mit der Verwaltung des gemeinschaftlichen Eigentums.

Auf der Tagesordnung der Eigentümerversammlung findet sich – neben aktuellen Punkten – eine Reihe immer wiederkehrender Tagesordnungspunkte.

Auf der Tagesordnung der jährlichen Eigentümerversammlung steht immer die Rechnungslegung und in den allermeisten Fällen auch die Entlastung des Verwalters für das vergangene Wirtschaftsjahr. Mit dem entsprechenden Beschluss wird die Abrechnung des Verwalters als richtig bestätigt und gleichzeitig zum Ausdruck gebracht, dass die Eigentümergemeinschaft seine Leistungen in der zurückliegenden Abrechnungsperiode als ordnungsgemäß betrachtet. Außerdem beschließt die Versammlung gewöhn-lich den Wirtschaftsplan für das bevorstehende Wirtschaftsjahr.

Neben diesen stets auf der Tagesordnung erscheinenden Punk-ten gibt es selbstverständlich weitere, die sich aus der aktuellen Situation der jeweiligen Eigentümergemeinschaft ergeben. Zum Beispiel muss ein Beschluss gefasst werden, weil größere Instand-setzungsarbeiten vergeben oder Hausgeldrückstände gegen einen Miteigentümer gerichtlich geltend gemacht werden sollen.

Der Verwaltungsbeirat kann in einem separaten Bericht einen Überblick seiner Tätigkeit im vergangenen Wirtschaftsjahr geben. Ein solcher Bericht macht die Tätigkeit des Beirats transparenter.

Die Einberufung einer außerordentlichen Eigen-tümerversammlung bei dringendem Grund ist möglich.

Neben der einmal im Jahr stattfindenden ordentlichen Eigentümer-versammlung kann es bei Bedarf noch außerordentliche Versamm-lungen geben, die der Verwalter einberufen muss, wenn dringende Gründe vorliegen. **Beispiel:** In einer gerichtlichen Auseinanderset-zung ist gegen die Eigentümergemeinschaft entschieden worden. Kurzfristig muss jetzt entschieden werden, ob das Verfahren fortge-führt werden soll, indem Rechtsmittel eingelegt werden.

Einberufung der Versammlung

Die Eigentümerversammlung muss durch den Verwalter einberufen werden. Er ist hierzu nach dem Wohnungseigentumsgesetz ver-pflichtet. Weigert er sich oder ist kein Verwalter bestellt, ist auch der Vorsitzende des Verwaltungsbeirats oder sein Stellvertreter zur Einberufung berechtigt. Außerdem hat der Verwalter immer dann eine Versammlung anzusetzen, wenn dies von mehr als einem Viertel der Wohnungseigentümer unter Angabe des Zwecks und der Gründe verlangt wird. Auf diese Weise wird sichergestellt, dass besonders dringliche Themen auch außerhalb des normalen Jahresturnus von allen Miteigentümern behandelt werden können. Eingeladen wird meist im ersten Halbjahr, nachdem die Jahresab-rechnung erstellt wurde.

Die Einladung durch den Verwalter erfolgt in einem Schreiben an alle im Grundbuch eingetragenen Wohnungseigentümer. Der Verwalter muss das Einladungsschreiben nicht unbedingt unterzeichnen. Im Folgenden finden Sie als Beispiel eine Einladung mit Vollmachtsformular sowie auf Seite 62 eine Tagesordnung. Das Vollmachtsformular muss der Einladung nicht zwingend beigefügt werden, erleichtert aber allen Beteiligten die Abwicklung. Ebenso ist es nicht nötig, Erläuterungen zu den Tagesordnungspunkten zu geben; sie sind in unserem Muster nicht fett gedruckt. Sie erleichteren den Beteiligten die Vorbereitung auf die Versammlung und können durchaus Zeit sparen, weil nicht alles auf der Versammlung selbst ausführlich dargestellt werden muss. Die Punkte der Tagesordnung können selbstverständlich von dem Muster abweichen, sie sind als Anregung zu verstehen.

Wichtig

Als Erwerber einer Eigentumswohnung sind Sie noch nicht berechtigt, an einer Versammlung teilzunehmen oder abzustimmen, wenn:

- ein Kaufvertrag abgeschlossen wurde,
- eine Auflassungsvormerkung im Grundbuch eingetragen ist,
- der Lastenübergang anlässlich der Schlüsselübergabe vorgenommen wurde.

Häufig ist ein zukünftiger Eigentümer jedoch daran interessiert, bereits vor seiner Eintragung im Grundbuch an der Versammlung teilzunehmen. In diesem Fall muss er sich eine Vollmacht vom Verkäufer erteilen lassen, die ihn berechtigt, in Vertretung des Verkäufers an der Versammlung teilzunehmen.

Beispiel: Einladung zu einer Wohnungseigentümerversammlung

```
Empfänger:                                          Absender:
Eigentümer (und Beirat)                             Verwalter
Straße                                              Straße
PLZ/Ort                                             PLZ/Ort


EINLADUNG zur Eigentümerversammlung der Eigentümergemeinschaft
„WEG Schüttlerstraße 20 in Düsseldorf"

Sehr geehrte Eigentümer,
gemäß § 24 WEG laden wir Sie zur Eigentümerversammlung ein:
Datum/Uhrzeit: …
Ort: …

Die Tagesordnung inkl. ergänzender Unterlagen ist der Einladung
beigefügt. Wir bitten Sie, an der Versammlung teilzunehmen.
Sollten Sie verhindert sein, so übertragen Sie bitte Ihr Stimm-
recht unter Verwendung der unten angeführten Vollmacht auf einen
anderen Wohnungseigentümer oder auf uns.

Mit freundlichen Grüßen
Ihre Hausverwaltung
Datum und Unterschrift des Verwalters
```

Beispiel: Vollmacht

VOLLMACHT
Herr/Frau … /der Beirat/der Verwalter ist hiermit berechtigt, mich
in der Eigentümerversammlung am …, an der ich nicht teilnehmen kann,
zu vertreten und mein Stimmrecht auszuüben. Der Bevollmächtigte darf
die Vollmacht teilen und Untervollmacht erteilen, jedoch mit der
Verpflichtung, evtl. schriftliche Weisungen zu beachten.

Eigentümer
Straße, PLZ/Ort
Datum und Unterschrift des Eigentümers

Beispiel: Anlage zur Einladung

Anlage zur Einladung: Tagesordnung und Beschlussvorlage
der Eigentümerversammlung vom 25. Juni 2012 der WEG -
Schüttlerstraße 20 in Düsseldorf

1.) Begrüßung und Feststellung der Beschlussfähigkeit

2.) Bericht über die Prüfung der Abrechnungsunterlagen des Jahres 2011
Die Prüfung wurde von Herrn Krömer und Herrn Mendes vorgenommen.

3.) Beschlussfassung zur Genehmigung der Jahresabschlussrechnung 2011
Beschlussvorschlag:
Der Jahresabschluss 2011 wird mit den Einzelabrechnungen genehmigt.
Guthaben aus den Einzelabrechnungen werden im nächsten Monat ausgezahlt,
Nachforderungen werden bei Teilnahme am Lastschriftverfahren entsprechend
eingezogen.

4.) Erläuterung und Genehmigung des Wirtschaftsplanes für das Jahr 2013
Beschlussvorschlag:
Der Wirtschaftsplan für das Jahr 2013 wird mit einem Gesamtvolumen
von Euro 44.940,00 genehmigt. Der Wirtschaftsplan beinhaltet eine
Zuführung zur Instandhaltungsrückstellung Vorder- und Hinterhaus in
Höhe von jeweils Euro 4.000,00. Die sich aus dem Wirtschaftsplan
ergebenden Hausgeldvorauszahlungen werden am 1.1.2013 fällig.
Die Hausgeldvorauszahlungen behalten bis zu einer neuen Beschlussfassung Gültigkeit. Dieser Wirtschaftsplan beinhaltet eine Erhöhung
der Verwaltergebühr um Euro 0,50 pro Wohnung monatlich, zzgl. der
zurzeit gültigen Mehrwertsteuer.

Jahresfälligkeit:
Das Hausgeld gemäß dem genehmigten Wirtschaftsplan für das Jahr 2013
ist als Jahressumme fällig und wird den Eigentümern aber zur Zahlung
in monatlichen Raten (jeweils bis zum 3. eines jeden Monats im Voraus)
nachgelassen.
Verzug:
Gerät ein Eigentümer in Höhe von zwei Hausgeldraten in Verzug, wird
hiermit festgelegt, dass die Stundung entfällt und das Hausgeld in Höhe
der Jahressumme gemäß Einzelwirtschaftsplan 2013 sofort zu zahlen ist.
Insolvenz:
Wird über das Vermögen des Schuldners das Insolvenzverfahren
eröffnet oder für die betreffende Wohnung das gerichtliche Zwangsver-
waltungsverfahren eingeleitet, so wird die zum Zeitpunkt des Eröffnungs-
beschlusses noch offene Restforderung erneut zur Zahlung in monatlichen
Raten (jeweils bis zum 3. eines jeden Monats im Voraus) nachgelassen.

5.) Entlastung des Beirats/Wahl des Beirats
Beschlussvorschlag:
Der Beirat - in der Zusammensetzung Herr Krömer, Herr Mendes und
Herr Winterhalter - wird für das zurückliegende Geschäftsjahr 2011 ent-
lastet. Herr Krömer und Herr Mendes haben der Verwaltung mitgeteilt,
dass sie zukünftig nicht mehr als Beirat tätig sein wollen. Somit muss
ein neuer Beirat gewählt werden.
Neuwahl des Beirats

6.) Beschlussfassung über eine Gemeinschaftsordnung
(Hausordnung), die für alle Eigentümer verbindlich werden soll
Beschlussvorschlag:
Die der Einladung beigefügte Gemeinschaftsordnung (Hausordnung) wird als
verbindliche Regelung zwischen den einzelnen Eigentümern aufgenommen.
Diese Gemeinschaftsordnung ist bei vermietenden Eigentümern als zwingend
bindender Teil in die jeweiligen Mietverträge aufzunehmen und den
Mietern mitzuteilen.

7.) Verschiedenes
(unter dem Punkt Verschiedenes werden keine Beschlüsse gefasst)
- Herr Gerber wurde von der Verwaltung angeschrieben und gebeten, im
Rahmen der Eigentümerversammlung noch ausstehende Fragen bezüglich der
Dachterrasse zu beantworten.

- Die neue Eigentümerin des Hauses Schüttlerstraße 18, Frau
Richard, möchte, dass die angrenzende Mauerkrone verschlossen wird.
Die weitere Vorgehensweise der Verwaltung soll mit den Eigentümern
abgestimmt werden. Frau Richard bietet an, bei einer eventuellen
Sanierung der Mauer die Kosten zu gleichen Teilen aufzuteilen.

Welche Voraussetzungen gelten für einen wirksamen Beschluss?

Lädt der Verwalter nicht sämtliche im Grundbuch eingetragenen Eigentümer ein, macht dies noch nicht automatisch die in einer solchen Versammlung gefassten Beschlüsse unwirksam. Diese können jedoch angefochten werden, was allerdings nur dann erfolgreich ist, wenn die unterlassene Einladung tatsächlich der Grund dafür war, dass ein bestimmter Beschluss gefasst wurde. Es müsste also nachweislich eine andere Entscheidung getroffen worden sein, wenn das nicht eingeladene Mitglied beteiligt gewesen wäre.

Die Einberufungsfrist hat den Zweck, jedem Eigentümer genügend Zeit für die Terminreservierung und Vorbereitung zu geben.

Der Verwalter ist verpflichtet, die Versammlung mit einer Frist von mindestens zwei Wochen einzuberufen. Die Einladungsfrist kann verkürzt werden, wenn Themen anstehen, über die dringend ein Beschluss gefasst werden muss. Im Einladungsschreiben muss stehen, an welchem Ort die Versammlung durchgeführt wird. Der Verwalter hat darauf zu achten, dass sich der Versammlungsort in der Nähe der Anlage befindet, außerdem muss sichergestellt sein, dass die Versammlung unter Ausschluss der Öffentlichkeit stattfinden kann. Es wäre beispielsweise nicht zulässig, sie im Gastraum eines Restaurants abzuhalten, der für die Allgemeinheit zugänglich ist. Anders verhält es sich, wenn die Versammlung in einem separaten Nebenraum abgehalten wird. Was die Uhrzeit betrifft, sind die Belange berufstätiger Eigentümer zu berücksichtigen. Schließlich muss im Einladungsschreiben die Tagesordnung bekannt gegeben werden. Dazu gehört eine klare und verständliche Darstellung der einzelnen Tagesordnungspunkte. Der Verwalter hat also deutlich zu machen, über welche Gegenstände Beschlüsse gefasst werden sollen. Ein wirksamer Beschluss kann nämlich nur getroffen werden, wenn sein Gegenstand im Einladungsschreiben ausreichend genau bezeichnet ist. Je bedeutsamer der Beschlussgegenstand für die Gemeinschaft ist, umso genauer muss er in der Einladung beschrieben werden. Weitere Informationen zum Verfassen einer solchen Einladung können Sie dem Musterbrief auf Seite 61 entnehmen. Sinn dieser Vorschriften ist es, den Eigentümern zu ermöglichen, sich angemessen auf die Abstimmung vorzubereiten. Verwalter und Verwaltungsbeirat sollten die einzelnen Tagesordnungspunkte im Vorfeld abstimmen.

Tagesordnungspunkt „Verschiedenes"

Oft kommt es zu Auseinandersetzungen, inwieweit ein Beschluss wirksam ist, der unter dem Tagesordnungspunkt „Verschiedenes" gefasst wurde. Ein solcher Beschluss ist nicht genau genug bezeichnet. Dadurch wird er nicht automatisch nichtig, sondern lediglich anfechtbar. Wenn ihn allerdings kein Miteigentümer anficht, bleibt der Beschluss uneingeschränkt wirksam. Der Tagesordnungspunkt „Verschiedenes" dient lediglich der allgemeinen Aussprache bzw. der Beratung von Themen, die nicht durch Beschluss geregelt werden sollen.

Der Tagesordnungspunkt „Verschiedenes" wird häufig als Sammeltagesordnungspunkt für sonstige Beschlüsse missverstanden.

Wann ist die Versammlung beschlussfähig?

Um wirksame Beschlüsse zu treffen, müssen genügend Eigentümer erscheinen. Aus diesem Grund stellt der Verwalter als Vorsitzender vor der Versammlung zunächst fest, ob die Beschlussfähigkeit gegeben ist. Das ist der Fall, wenn die Inhaber von mehr als der Hälfte der Miteigentumsanteile anwesend oder – durch Vollmacht – vertreten sind. Dabei zählen auch die Anteile anwesender oder vertretener Miteigentümer, die nicht stimmberechtigt sind (weil beispielsweise über den Abschluss eines Hausmeistervertrags zwischen der Gemeinschaft und einem Miteigentümer abgestimmt werden soll).

Wichtig

Das sogenannte Quorum kann jedoch durch eine Regelung in der Teilungserklärung oder der Gemeinschaftsordnung geändert werden. So ist es beispielsweise möglich, anstelle von mehr als der Hälfte der Miteigentumsanteile die Anwesenheit von mehr als der Hälfte der Miteigentümer vorzusehen.

Die Beschlussfähigkeit muss im Übrigen nicht nur zu Beginn der Versammlung bestehen, sondern auch zu jedem späteren Zeitpunkt. Oft brechen einzelne Miteigentümer bei länger andauernden Versammlungen vor deren Ende auf; deshalb muss der Verwalter von Zeit zu Zeit überprüfen, ob die Beschlussfähigkeit noch gegeben ist. Ist dies nicht der Fall und werden trotzdem Beschlüsse gefasst, sind diese gerichtlich anfechtbar. Unterbleibt dies, behalten solche Beschlüsse allerdings grundsätzlich ihre Wirksamkeit.

Stellt der Verwalter bereits zu Beginn oder während der Versammlung die Beschlussunfähigkeit fest, muss er eine Zweitversammlung einberufen. Die Besonderheit einer solchen Zweitversammlung besteht darin, dass in ihr unabhängig von der Beschlussfähigkeit abgestimmt werden kann. Eine „Eventualeinberufung", also die vorsorgliche Einberufung einer Versammlung für denselben Tag zu einem späteren Termin, bereits in der ursprünglichen Einladung ist nach der gesetzlichen Regelung nicht zulässig. Etwas anderes gilt, wenn in der Teilungserklärung oder in der Gemeinschaftsordnung die Möglichkeit der Eventualeinberufung vorgesehen ist.

Der Ablauf einer Eigentümerversammlung

Die Versammlung der Wohnungseigentümer findet unter Ausschluss der Öffentlichkeit statt. Es soll auf diese Weise vermieden werden, dass Interna der Gemeinschaft nach außen dringen. Soweit in der Wohnanlage selbst kein geeigneter Raum vorhanden ist, finden Eigentümerversammlungen meist in Nebenräumen von Gaststätten oder ähnlichen Lokalitäten statt. Wenn der Verwalter über geeignete Räumlichkeiten verfügt, kann die Versammlung auch dort abgehalten werden.

Tipp

Der effiziente Ablauf einer Eigentümerversammlung hängt auch von der (Selbst-) Disziplin der Teilnehmer ab. Je größer die Gemeinschaft ist, desto hilfreicher ist es, wenn sich die Beiträge auf wesentliche Punkte konzentrieren.

Der Verwalter übernimmt den Vorsitz in der Versammlung, wobei es gesetzlich auch zulässig ist, eine andere Person durch Beschluss zum Versammlungsleiter zu bestimmen. Aufgabe des Vorsitzenden ist es unter anderem, die Versammlung zu eröffnen und später ihr Ende bekannt zu geben. Er wird zu Beginn zunächst auf die Einladung hinweisen und, nachdem die Beschlussfähigkeit festgestellt ist, die Tagesordnungspunkte noch einmal vorstellen. Daraufhin beginnt die Versammlung mit der Beschlussfassung über die einzelnen Punkte. Zuvor werden noch offene Fragen diskutiert. Wichtig ist, dass der Verwalter die Beschlussergebnisse auch verkündet. Nur wenn dies geschieht, kann ein wirksamer Beschluss zustande kommen. Aus diesem Grund wird die Verkündung zumeist im Protokoll festgehalten.

Teilnahmerecht Dritter

Da die Versammlung nicht öffentlich ist, dürfen dritte Personen grundsätzlich nicht teilnehmen. Häufig wird der Wunsch nach Teilnahme eines Externen damit begründet, dass die zur Beschlussfassung anstehende Materie zu komplex sei und der betroffene Miteigentümer technische oder juristische Unterstützung bzw. Beratung benötige. Hierzu müssen Sie Folgendes wissen: Enthält die Teilungserklärung oder die Gemeinschaftsordnung einen ausdrücklichen Ausschluss Dritter von der Versammlung, ist es Aufgabe des Verwalters, diese Regelung durchzusetzen und gegebenenfalls anwesende Dritte von der Versammlung auszuschließen. Allerdings ist im Einzelfall zu klären, wie weitgehend dieser Ausschluss ist. Dabei ist zu unterscheiden, ob es sich um die Begleitung durch einen Dritten oder um eine Vertretung handelt. Ein Miteigentümer kann sich grundsätzlich durch einen Dritten vertreten lassen. In diesem Fall nimmt aber nur der Vertreter an der Versammlung teil. Einzelheiten darüber, wie Sie eine Vollmacht erteilen, finden Sie auf Seite 62 bzw. 69.

Fehlt eine solche Regelung, bleibt es bei dem eingangs genannten Grundsatz der Nichtöffentlichkeit. Erscheinen Miteigentümer dennoch in Begleitung Dritter, kann der Verwalter die Begleiter ausschließen oder über ihre Anwesenheit im Wege eines Geschäftsordnungsantrags entscheiden lassen. In einigen Fällen haben die Gerichte hiervon Ausnahmen zugelassen, zum Beispiel wenn ein berechtigtes Interesse bestand – ein Miteigentümer beispielsweise aufgrund seines Alters, Gebrechlichkeit oder Krankheit auf eine dritte Person angewiesen ist. Der Verwalter darf sich natürlich von Angestellten seines Büros begleiten lassen.

> **Tipp**
>
> Wenn Dritte an der Eigentümerversammlung teilnehmen sollen, empfiehlt es sich, diese Frage bereits im Vorfeld der Versammlung zu prüfen. Unklarheiten lassen sich in einem Gespräch mit dem Verwalter meist vorab klären.

So erfolgt die Abstimmung

Nach dem Wohnungseigentumsgesetz hat jeder Eigentümer eine Stimme. Auch hierzu kann jedoch in der Teilungserklärung oder der Gemeinschaftsordnung eine abweichende Regelung getroffen werden. Oft ist vorgesehen, dass die Zahl der Wohnungen oder die

Von der gesetzlichen Stimmrechtsverteilung kann in der Teilungserklärung abgewichen werden.

Miteigentumsanteile für die Stimmabgabe entscheidend sein sollen. **Beispiel:** Jede Wohnung hat unabhängig von ihrer Größe und dem Miteigentumsanteil eine Stimme.

Wichtig

Einen Ausschluss vom Stimmrecht gibt es beispielsweise in folgenden Fällen:

■ Abschluss eines Vertrags mit einem Miteigentümer bezüglich gärtnerischer Arbeiten auf gemeinschaftlichen Flächen,

■ Beschluss über die Genehmigung der Jahresabrechnung, wenn der Verwalter gleichzeitig Wohnungseigentümer ist.

Gehört eine Eigentumswohnung mehreren Personen, zum Beispiel einem Ehepaar, so kann das Stimmrecht von diesen nur einheitlich ausgeübt werden. Befindet sich ein Miteigentümer im Hinblick auf einen bestimmten Beschluss in einem Interessenkonflikt, so darf er an der Abstimmung nicht teilnehmen. Ist für einen Gegenstand ein Mehrheitsbeschluss ausreichend, dann ist damit mehr als die Hälfte der anwesenden Stimmen gemeint. Dabei ist zu beachten, dass Stimmenthaltungen nicht berücksichtigt werden.

Erteilung einer Vollmacht an einen Vertreter

Wenn möglich, sollten Sie persönlich an der Eigentümerversammlung teilnehmen. Wie man eine Vollmacht bereits in die Einladung integrieren kann, lesen Sie auf Seite 62.

Als Wohnungseigentümer müssen Sie nicht unbedingt persönlich an Versammlungen der Gemeinschaft teilnehmen. Vielmehr können Sie sich durch eine Person Ihres Vertrauens vertreten lassen. Diese Möglichkeit kann jedoch in der Teilungserklärung oder der Gemeinschaftsordnung eingeschränkt werden. So gibt es beispielsweise Regelungen, wonach nur die Vertretung durch

■ einen anderen Wohnungseigentümer,
■ den Verwalter,
■ ein Mitglied des Beirats,
■ den Ehepartner

zulässig ist. Derartige Beschränkungen können jedoch nicht durch Mehrheitsbeschluss herbeigeführt werden, sondern müssen in der Teilungserklärung oder der Gemeinschaftsordnung vorgesehen sein.

Die Vollmacht selbst kann grundsätzlich formfrei erteilt werden. Einen Formulierungsvorschlag für eine Vollmacht finden Sie auf dieser Seite und Seite 62. Allerdings kann die Teilungserklärung oder die Gemeinschaftsordnung vorsehen, dass die Vollmacht schriftlich vorgelegt werden muss. Wird diese Regelung nicht eingehalten, macht das eine dennoch erfolgte Stimmabgabe nicht unwirksam. Ist also Schriftform vorgeschrieben und erscheint ein lediglich mündlich bevollmächtigter Vertreter, ohne vom Verwalter zurückgewiesen zu werden, ist dessen Stimmabgabe gleichwohl wirksam. Möglich ist auch, dass Sie im Vollmachtsschreiben Ihrem Vertreter konkrete Vorgaben über sein Abstimmungsverhalten zu einzelnen Tagesordnungspunkten (eine sogenannte Stimmrechtsbindung) machen.

Besonders hilfreich ist es, wenn der Verwalter ein Vollmachtsformular bereits mit der Einladung versendet.

> **Tipp**
>
> Auch wenn für die Vollmacht keine bestimmte Form vorgeschrieben ist, empfiehlt es sich, die Vollmacht schriftlich zu erteilen. Damit vermeiden Sie, dass der Verwalter die Teilnahme bzw. Stimmabgabe Ihres Vertreters ablehnt bzw. zurückweist, weil dieser seine Bevollmächtigung nicht nachweisen kann.

Beispiel: Erteilung einer Stimmrechtsvollmacht in der Eigentümerversammlung

```
Ich, … (Vor- und Nachname), wohnhaft in … (Straße),
… (PLZ, Ort), bin Eigentümer der im Aufteilungsplan mit Nummer …
bezeichneten Wohnung in der Wohnanlage … (Straße, PLZ, Ort).

Für die am … (Datum) stattfindende … . (Nr.) ordentliche
Wohnungseigentümerversammlung erteile ich Herrn/Frau …
(Vor- und Nachname), wohnhaft in … (Straße), … (PLZ, Ort),
Vollmacht, für mich das Stimmrecht in der Wohnungseigentümerver-
sammlung auszuüben.

Diese Vollmacht ist nicht übertragbar.
Von den Beschränkungen des § 181 BGB ist der Bevollmächtigte befreit.


Datum und Unterschrift des Eigentümers
```

Das Protokoll

Nach dem Wohnungseigentumsgesetz müssen die von der Gemeinschaft gefassten Beschlüsse in einer Niederschrift festgehalten werden. Der Versammlungsleiter und ein Wohnungseigentümer müssen das Protokoll unterschreiben. Ist in der Wohnanlage ein Verwaltungsbeirat bestellt, so hat auch dessen Vorsitzender zu unterzeichnen. Nach dem Gesetz müssen die gefassten Beschlüsse protokolliert werden, um spätere Streitigkeiten über den genauen Inhalt zu vermeiden. Ein Musterprotokoll finden Sie ab Seite 71.

Achtung!

Die in der Versammlung gefassten Beschlüsse müssen im Protokoll klar und deutlich formuliert werden. Geschieht dies nicht, ergeben sich später nicht selten Auseinandersetzungen über die Frage des genauen Beschlussinhalts. Da meist Ergebnisprotokolle gefertigt werden, kommt es darauf an, dass die Stimmabgaben ordnungsgemäß protokolliert werden.

Was den Inhalt des Protokolls anbelangt, so reicht – mangels weitergehender Anforderungen in der Gemeinschaftsordnung – ein Ergebnisprotokoll. Es ist also nicht erforderlich, den Verlauf der Versammlung oder gar die Wortbeiträge der einzelnen Miteigentümer aufzunehmen.

Tipp

Als Wohnungseigentümer haben Sie das Recht, Einblick in die Verwaltungsunterlagen zu nehmen. Dazu gehören neben den sonstigen Unterlagen auch die Versammlungsprotokolle der Eigentümerversammlungen. Die Einsicht erfolgt im Büro des Verwalters. Sie können also nicht verlangen, dass der Verwalter die Protokolle in der Wohnanlage vorlegt.

Die Protokolle sind auch für jeden späteren Erwerber einer Wohnung entscheidend, da die von der Gemeinschaft gefassten Beschlüsse ebenfalls für Rechtsnachfolger verbindlich sind. Wenn Sie eine Eigentumswohnung erwerben wollen, dann müssen Sie bedenken, dass Sie derartige Beschlüsse nicht den Unterlagen beim Grundbuchamt entnehmen können. Ein Blick in die Teilungserklärung reicht also nicht aus, sondern Sie müssen zusätzlich die Protokolle der Eigentümerversammlungen einsehen. Wie bereits geschildert, ist der Verwalter seit Inkrafttreten der Reform des Wohnungseigentumsgesetzes verpflichtet, alle seit dem 1. Juli 2007 verkündeten Beschlüsse sowie sämtliche nach diesem Tag ergangenen Gerichtsentscheidungen in einer Beschlusssammlung aufzubewahren. Viele Eigentümergemeinschaften haben darüber hinaus durch Mehrheitsbeschluss bestimmt, dass auch vor diesem Stichtag gefasste Beschlüsse in die Sammlung aufgenommen werden sollen, um eine einheitliche Übersicht zu gewährleisten.

Kopien der Verwaltungsunterlagen können häufig nur gegen Kostenerstattung angefertigt werden.

Recht zur Einsicht in diese Sammlung haben die Miteigentümer. Sie können – gegen Kostenerstattung – auch Kopien der Beschlusssammlung anfertigen lassen. Ein Miteigentümer kann allerdings einen potenziellen Erwerber seiner Wohnung ermächtigen, die Unterlagen einzusehen.

Die Frist, innerhalb derer der Verwalter das Protokoll den Eigentümern vorlegen muss, führt häufig zu Konflikten. Denn hierfür gibt es keine gesetzliche Regelung. Dauert die Erstellung des Protokolls zu lange, besteht die Gefahr, die einmonatige Anfechtungsfrist zu versäumen. Außerdem haben die Eigentümer keine Möglichkeit mehr, die Erfolgsaussichten einer gerichtlichen Anfechtung vorab ausreichend prüfen zu lassen.

Die Gerichte vertreten daher die Auffassung, dass das Protokoll spätestens eine Woche vor Ablauf der Anfechtungsfrist vorgelegt werden muss. Unterlässt der Verwalter dies, kann ein Miteigentümer alle gefassten Beschlüsse vorsorglich anfechten. Wird zwischenzeitlich das Protokoll vorgelegt und die Anfechtungsklage daraufhin zurückgenommen, sind die hierdurch ausgelösten Kosten vom Verwalter zu tragen. Mit Einführung der Beschlusssammlung durch die Reform des Wohnungseigentumsgesetzes wurde jedoch auch die Pflicht des Verwalters begründet, neue Beschlüsse innerhalb einer Woche in die Sammlung aufzunehmen, sodass nicht unbedingt bis zur Vorlage des Protokolls gewartet werden muss.

Wichtig

Viele Miteigentümer empfinden es als Ärgernis, wenn die Versammlungsprotokolle durch den Verwalter nicht rechtzeitig vorgelegt werden. Um Diskussionen zu vermeiden, sollte dieser Punkt in der Gemeinschaftsordnung geregelt werden. Parallel dazu kann eine gleichlautende Verpflichtung in den Verwaltervertrag aufgenommen werden.

Beispiel: Protokoll einer Eigentümerversammlung

```
Wohnungs-Verwaltungsgesellschaft mbH
Buchenstraße 734
12345 Unterstadt


Protokoll über die 13. ordentliche Wohnungseigentümerversammlung
vom 17. Juni 2012 der Wohnungseigentümergemeinschaft Seitenstraße 11
in Oberstadt

Versammlungsort: Gasthaus „Waldschenke", Ahornweg 39, 13131 Oberstadt
Versammlungsbeginn: 19.00 Uhr
Versammlungsende: 22.45 Uhr

Anwesend bzw. durch Vollmachten vertreten sind:
69 Wohnungseigentümer, 511,02/1.000 Miteigentumsanteil


Der Verwalter, Firma Wohnungs-Verwaltungsgesellschaft mbH, wird vertreten
durch Frau Sabine Hauptmann (Versammlungsvorsitzende). Unter Hinweis auf
die form- und fristgerechte Einladung (Anlage) eröffnet die Vertreterin
der Verwaltungsfirma die Versammlung als Versammlungsvorsitzende unter
Eintritt in die allen Eigentümern mitgeteilte Tagesordnung. Gegen diese
wurden von Seiten der Wohnungseigentümergemeinschaft keine Einwendungen
vorgebracht. Die Beschlussfähigkeit der Versammlung wird von der Versamm-
lungsvorsitzenden festgestellt.
```

Zu TOP 1:
- -
Genehmigung der Verwaltungsabrechnung für das Wirtschaftsjahr 2011:
Es wird beantragt, die Verwaltungsabrechnung
für das Jahr 2011 in der vorliegenden Form anzunehmen.

Abstimmungsergebnis:
64 Ja-Stimmen   5 Nein-Stimmen   0 Enthaltungen

Ergebnis:
Damit ist der Antrag angenommen.

Zu TOP 2a:
- -
Entlastung des Verwalters:
Es wird beantragt, das Verwaltungsunternehmen für seine Tätigkeit
im Wirtschaftsjahr 2011 zu entlasten.

Abstimmungsergebnis:
69 Ja-Stimmen   5 Nein-Stimmen   0 Enthaltungen

Ergebnis:
Damit ist der Antrag angenommen.

Zu TOP 2b:
- -
Entlastung des Verwaltungsbeirats:
Es wird beantragt, den Verwaltungsbeirat für seine Tätigkeit
im Wirtschaftsjahr 2011 zu entlasten.

Abstimmungsergebnis:
66 Ja-Stimmen   5 Nein-Stimmen   3 Enthaltungen

Ergebnis:
Damit ist der Antrag angenommen.

Zu TOP 3:
- -
Wirtschaftsplan 2013:
Es wird beantragt, den Wirtschaftsplan für das Jahr 2012 unter
Erhöhung der Instandhaltungsrücklage auf das 1,5-Fache in sonst
unveränderter Form zu beschließen. Die ausgedruckten Einzel-
wirtschaftspläne liegen den Wohnungseigentümern vor.

Abstimmungsergebnis:
65 Ja-Stimmen   4 Nein-Stimmen   0 Enthaltungen

Ergebnis:
Damit ist der Antrag angenommen.

Zu TOP 4:

Instandhaltungsmaßnahmen bei Klingelanlage und Waschküche:
Es wird beantragt, die oben genannten Arbeiten nach Maßgabe der
vom Verwaltungsbeirat eingeholten Kostenvoranschläge durchführen zu
lassen. Für die Ausführung dieser Arbeiten fallen Kosten in Höhe
von ca. 35.000 Euro an.

Abstimmungsergebnis:
69 Ja-Stimmen   0 Nein-Stimmen   0 Enthaltungen

Ergebnis:
Damit ist der Antrag angenommen.

Zu TOP 5:

Bauliche Veränderungen:
Die im vierten Obergeschoss vom Mieter der Wohnung H4 angebrachten
baulichen Veränderungen werden von der Gemeinschaft nicht genehmigt.
Der Verwalter wird beauftragt, den Eigentümer der betreffenden Wohnung
unter Fristsetzung zur Wiederherstellung des ursprünglichen Zustands
aufzufordern.

Abstimmungsergebnis:
65 Ja-Stimmen   1 Nein-Stimmen   3 Enthaltungen

Ergebnis:
Damit ist der Antrag angenommen.

Oberstadt, 17. Juni 2012
(Unterschriften Verwalter und Verwaltungsbeiratsvorsitzender)

Die Kommunikation untereinander

Gute Kommunikation ist, wie auch sonst im Leben, in der Gemeinschaft das A und O.

Zu einem respektvollen Umgang innerhalb der Eigentümergemeinschaft gehört eine Kommunikationskultur. Konflikte müssen offen angesprochen werden und den zuständigen Stellen (wie Verwaltungsbeirat, Verwalter, Eigentümerversammlung) zur Lösung bzw. Beratung vorgelegt werden. Es ist hilfreich, Störungen oder so empfundene Belästigungen frühzeitig anzusprechen. In vielen Fällen können Mitglieder des Verwaltungsbeirats helfen, derartige Gespräche zu führen oder einen Sachverhalt in objektiver Weise darzustellen. Damit erst gar keine Missverständnisse innerhalb der Gemeinschaft oder zwischen der Gemeinschaft und der Verwaltung aufkommen, ist eine ständige Kommunikation notwendig. In großen Anlagen gibt es beispielsweise „newsletter", mit deren Hilfe der Verwalter oder der Beirat per E-Mail und zusätzlich durch Aushang oder Ähnliches über aktuelle Vorgänge (bevorstehende Arbeiten durch Handwerker, Gartenpflege etc.) informiert. Häufig kann auch der Verwaltungsbeirat als Anlaufstelle für spezielle Fragen einzelner Wohnungseigentümer dienen. Auf diese Weise können bestimmte Themen direkt erledigt werden und die Verwaltung muss sich dann nur noch um die wesentlichen Fragen kümmern. Heute können derartige Informationen auch schnell per E-Mail und ohne Kostenaufwand verteilt werden. Die Hausverwaltung sollte über die E-Mail-Adressen der Beiräte verfügen, die Beiräte wiederum über die der Miteigentümer.

Der Ton, in dem solche Schreiben an die Miteigentümer gehalten sind, führt häufig zu Spannungen oder verstärkt bereits vorhandene Konflikte. Es macht einen Unterschied, ob eine Hausgeldanforderung im behördlichen Befehlston verfasst ist oder ob die Eigentümer in sachlich-freundlicher Weise gebeten werden, ihre Zahlungen auf das Gemeinschaftskonto zu veranlassen. Entsprechendes

Wichtig

„Der Ton macht die Musik." Dies gilt auch für den Umgang der Eigentümer untereinander. Gerade wenn nicht immer alle gleichgerichtete Interessen verfolgen, ist ein angemessener Ton wichtig. Wird diese Regel nicht befolgt, können unterschiedliche Auffassungen in der Sache leicht zu anhaltenden atmosphärischen Verstimmungen in der Gemeinschaft führen. Letztlich wirkt sich dies auf die Effizienz der Verwaltung aus.

gilt beispielsweise auch für Hinweise auf die Einhaltung einzelner Bestimmungen der Hausordnung, die häufig in Hausfluren bzw. an schwarzen Brettern anzutreffen sind. Es macht einen großen Unterschied, ob dort steht „Die Kinderwagen sind mit sofortiger Wirkung aus dem Hausflur zu entfernen!" oder „Ich möchte alle Eigentümer darauf hinweisen, dass aus feuerschutzrechtlichen Gründen keine Kinderwagen oder andere Gegenstände im Hausflur stehen dürfen. Danke für Ihr Verständnis."

Nur bei gegenseitiger Rücksichtnahme und Einhaltung der selbst gesetzten Regelungen (zum Beispiel Benutzungsordnungen oder Hausordnung) ist ein harmonisches Zusammenleben innerhalb der Gemeinschaft möglich. Die Regelungen sollten Maßstab für das jeweilige Handeln sein. Erweisen sie sich als überholt oder unpraktisch, sollten sie nicht einfach ignoriert werden. Stattdessen bietet es sich an, der Eigentümerversammlung entsprechende Änderungsvorschläge zu unterbreiten. Häufig kann hierbei der Verwaltungsbeirat eine moderierende Rolle einnehmen und dafür sorgen, dass die Argumente sachlich ausgetauscht werden.

Tipp

Ein guter Verwaltungsbeirat kann es schaffen, auch bei unterschiedlicher Interessenlage der Beteiligten eine sachgerechte Lösung zu erreichen. Voraussetzung hierfür ist, dass der Beirat kompetent besetzt ist und seine Arbeit respektiert wird.

Haus- und Benutzungsordnungen sollten auch nicht als starre Regelungen begriffen werden, die – einmal beschlossen – für alle Zeit gelten müssen. Wenn sich die äußeren Gegebenheiten oder auch die Gepflogenheiten innerhalb der Gemeinschaft ändern, kann es Zeit sein, solche Regelungen zu überarbeiten. Entscheidend ist dabei, dass alle Miteigentümer hinter einer solchen Überarbeitung stehen und die entsprechenden Beschlüsse mittragen. Nur dann ist gewährleistet, dass Neuerungen innerhalb der Gemeinschaft akzeptiert werden.

Ein freundlicher und respektvoller Umgang miteinander wird zudem durch gemeinsame Veranstaltungen gefördert. Es bietet sich zum Beispiel an, einmal im Jahr einen Grillnachmittag, ein Fest für die Wohnungseigentümer oder die Nachbarschaft zu organisieren. Bei solchen Treffen können sich alle kennenlernen und einander vorstellen: neue Bewohner, Nachbarschaft, Ansprechpartner etc.

Gemeinsame Aktivitäten der Hausgemeinschaft können die Wohn- und Lebensqualität fördern.

Wer zahlt was?
Die Kostenverteilung in der Eigentümergemeinschaft

Wenn der Aufzug einer Wohneigentumsanlage gewartet, das Treppenhaus gereinigt oder eine Feuerversicherung abgeschlossen wird, fallen Kosten und Lasten an. Diese müssen von allen Miteigentümern gemeinsam getragen werden. Die Kostenverteilung löst häufig Streit innerhalb der Gemeinschaft aus, was meist auf falsche Informationen und Unwissenheit zurückzuführen ist. Sie können Konflikte umgehen, wenn Sie sich vorab klarmachen, wie die Kosten in Wirtschaftsplan und Jahresabrechnung aufgestellt und verteilt werden und wenn Verwalter und Beirat regelmäßig miteinander kommunizieren.

Gemeinsame Kosten und Lasten

Eine der Hauptpflichten der Wohnungseigentümer untereinander besteht darin, für gemeinsame Kosten und Lasten des gemeinschaftlichen Eigentums einzustehen. Dazu gehören beispielsweise die Verwaltungkosten.

Positionen, die zu den Verwaltungskosten zählen

Zu den Verwaltungskosten zählen sehr unterschiedliche Positionen.

Unter den Kosten der Verwaltung versteht man diejenigen Kosten, die vom Verwalter in die Jahresrechnung eingestellt werden. Dazu gehören zunächst die Betriebskosten der Anlage sowie die Heizkosten. Hinzu kommen die Instandhaltungs- und Instandsetzungskosten sowie die Verwaltervergütung. Auch die Kosten eventueller Rechtsstreitigkeiten, an denen die Gemeinschaft beteiligt war, zählen zu den Verwaltungskosten. Allerdings ist hierbei zu beachten, dass das Gericht im Urteil eine andere Verteilung beschließen kann, die unter Umständen vom Verteilungsschlüssel abweicht. In

der folgenden Checkliste finden Sie eine detaillierte Auflistung der
Positionen, die zu den Verwaltungskosten gehören:

✓ **Checkliste: Verwaltungskosten**

- [ ] Anwalts- und Gerichtskosten, soweit sie von der Gemeinschaft zu tragen sind
- [ ] Aufzugskosten (Wartung, Reparatur, Überprüfungskosten, Telefonkosten für Notruf, Notdienst)
- [ ] Beleuchtungskosten für das gemeinschaftliche Eigentum, zum Beispiel Zufahrten, Parkplätze, Treppenhaus
- [ ] Blitzableiter (Überprüfung)
- [ ] Energieeinkauf (Öl, Gas, Strom etc.)
- [ ] Feuerlöscher (Überprüfung und Austausch)
- [ ] Gartenpflege
- [ ] Gemeinschaftsantennenanlage
- [ ] Hausmeistervergütung
- [ ] Instandhaltungsrücklage
- [ ] Kabelanschluss
- [ ] öffentliche Abgaben, die auf das gemeinschaftliche Eigentum entfallen, zum Beispiel Anliegerbeiträge
- [ ] Reinigungskosten für gemeinschaftliche Flächen (Treppenhaus, Waschküche, Keller etc.)
- [ ] Reparaturkosten, zum Beispiel Instandsetzung des Rolltors zur Tiefgarage
- [ ] Schornsteinreinigung und Emissionsmessung
- [ ] Sonderumlagen, zum Beispiel für die Sanierung eines Flachdachs
- [ ] Straßenreinigung und Müllabfuhr
- [ ] Versicherungsprämien für gemeinschaftliches Eigentum, zum Beispiel Wohngebäude- oder Gewässerschaden-Haftpflichtversicherung, Haftpflichtversicherung des Verwaltungsbeirats
- [ ] Verwaltervergütung
- [ ] Verwaltungsbeiratsvergütung (sofern vereinbart), Auslagenerstattung für den Verwaltungsbeirat
- [ ] Wartungskosten für gemeinschaftliche Einrichtungen, zum Beispiel der Heizungsanlage
- [ ] Waschmaschinen oder Wäschetrockner im gemeinschaftlichen Eigentum
- [ ] Wasserversorgung und Entwässerung

Verteilungsschlüssel

Die Kostenverteilung erfolgt grundsätzlich nach dem im Grundbuch eingetragenen Miteigentumsanteil. Allerdings können in der Gemeinschaftsordnung andere Verteilungsschlüssel vorgesehen sein, bestimmte Kosten zum Beispiel nach der Zahl der Wohnungen oder der Wohn- bzw. Nutzfläche verteilt werden. So wird beispielsweise die Vergütung des Verwalters häufig nach der Zahl

der Wohneinheiten berechnet. Eine Besonderheit gilt für die Heizkosten: Diese werden – auch wegen der entsprechenden Vorgaben
in der Heizkostenverordnung – nach dem Verbrauch sowie der beheizten Fläche aufgeteilt.

Die Voraussetzungen für Änderungen des Verteilungsschlüssels sind erleichtert worden.

Bislang war es nur möglich, den Verteilungsschlüssel durch einen
einstimmigen Beschluss (Vereinbarung) aller Eigentümer zu ändern. Die Reform des Wohnungseigentumsrechts hat hier wie auch
an weiteren Stellen Erleichterungen gebracht. Das betrifft vor allem
die Betriebs- und Verwaltungskosten sowie die Kosten bei Instand-
haltungs- und Instandsetzungsarbeiten, für diese gelten folgende
Änderungen:

■ Die Gemeinschaft ist jetzt befugt, den Schlüssel für die Verteilung der Betriebskosten im Sinne von § 566 Abs.1 BGB durch
Mehrheitsbeschluss zu ändern. Ausgenommen sind diejenigen
Betriebskosten, die direkt mit dem Wohnungseigentümer abgerechnet werden, zum Beispiel Energielieferungen. Bei den
abänderbaren Betriebskosten handelt es sich im Wesentlichen
um die laufend wiederkehrenden Kosten nach § 2 der Betriebs-
kosten-Verordnung. Welche Positionen hierunter im Einzelnen
fallen, können Sie der Aufzählung auf Seite 109 f. entnehmen.
Voraussetzung für eine Änderung ist, dass sich der neue Verteilungsschlüssel am tatsächlichen Verbrauch bzw. an der Kosten-
verursachung ausrichtet. Bevor also ein Beschluss zur Änderung
des Verteilungsschlüssels gefasst werden kann, muss zunächst
sichergestellt werden, dass der Verbrauch genau erfasst wird,
zum Beispiel durch Installation eines Stromzählers für die gemeinschaftliche Sauna. Für eine Änderung muss zudem ein
sachlicher Grund bestehen. Dies ist beispielsweise der Fall,
wenn bei gestiegenen Energiekosten beschlossen wird, dass
die Kosten eines gemeinschaftlichen Schwimmbads in Zukunft
abhängig von der Nutzung berechnet werden sollen. Die Eigentümergemeinschaft muss den Kostenverteilungsschlüssel nicht
ändern, sie kann auch den bisherigen beibehalten.

■ Eine weitere Erleichterung betrifft die Anpassung des Kos-
tenschlüssels für Instandhaltungs-, Instandsetzungs- und
Modernisierungsarbeiten. Auch hier kann durch qualifizierten
Mehrheitsbeschluss von drei Vierteln aller stimmberechtigten
Wohnungseigentümer ein Verteilungs-
schlüssel vereinbart werden, der von der
Gemeinschaftsordnung bzw. der Teilungserklärung abweicht. Dabei muss zumindest
das Quorum, also die Hälfte aller Miteigentumsanteile, erreicht werden. Anders als bei
den Betriebskosten kann dies jedoch nicht
generell, sondern nur für einen konkreten
Einzelfall beschlossen werden. Außerdem muss sich der abweichende Verteilungsschlüssel daran orientieren, ob überhaupt
die Möglichkeit besteht, bestimmte Vorrichtungen zu nutzen,
oder inwieweit diese Vorrichtungen von einem oder mehreren
Miteigentümern in höherem Maße gebraucht werden.

> **Beispiel**
>
> Die Kosten einer aufwendigen Sanierung der Auf-
> zugsanlage sollen nicht auf die Teileigentümer von
> Gastronomie- und Gewerbeflächen im Erdgeschoss
> umgelegt werden, da deren Gäste bzw. Kunden
> von den Aufzügen keinerlei Gebrauch machen.

Soweit es um die Anpassung an einen modernen Standard geht,
ohne dass ein konkreter Instandsetzungsbedarf (Modernisierungsarbeiten) besteht, gilt – wie bereits dargelegt – Folgendes:
Modernisierungen oder Anpassungen an den Stand der Technik
können durch qualifizierten Mehrheitsbeschluss (drei Viertel aller
stimmberechtigten Miteigentümer, mehr als die Hälfte der Miteigentumsanteile) vereinbart werden. **Beispiel:** Die Heizungsanlage
erfüllt noch alle emissionsrechtlichen Anforderungen. Dennoch
beschließt die Eigentümerversammlung mit qualifizierter Mehrheit,
einen Niedertemperatur-Brenner anzuschaffen.

> **Tipp**
>
> Für bestimmte Maßnahmen
> zu energieeffizientem
> Sanieren gibt es öffentliche
> Zuschüsse, beispielsweise
> über die Kreditanstalt für
> Wiederaufbau (KfW).

Neuerdings hat ein einzelner Wohnungseigentümer auch Anspruch
darauf, dass eine Vereinbarung, zum Beispiel in der Gemeinschaftsordnung, geändert wird, wenn es unbillig erscheint, an der
bestehenden Regelung im Einzelfall festzuhalten. Zum Beispiel
wenn es durch Anbau eines Wintergartens oder anderweitiger
Schaffung zusätzlicher Wohnflächen unzumutbar erscheint, den
bisherigen Kostenverteilungsschlüssel für die übrigen Miteigentümer anzusetzen.

Hausgeldzahlungen

Jeder Wohnungseigentümer ist verpflichtet, Vorschüsse auf der Grundlage des Wirtschaftsplans zu leisten. Die Pflicht, dieses Hausgeld zu zahlen, kann sich darüber hinaus aus Beschlüssen ergeben, mit denen die Jahresabrechnung gebilligt oder eine Sonderumlage festgesetzt wird. Die Zahlung kann durch Einzelüberweisung, Dauerauftrag oder Einzugsermächtigung erfolgen.

Fällig sind Hausgeldzahlungen immer dann, wenn der jeweilige Beschluss gefasst wird. Das gilt auch für eine Sonderumlage – soweit in einem Beschluss nichts anderes vereinbart ist. Um die Zahlungspflicht zu begründen, reicht jedoch ein entsprechender Beschluss allein nicht aus. Hinzukommen muss eine entsprechende Anforderung durch den Verwalter. Erst durch diese wird die Zahlung normalerweise fällig.

Wenn das Hausgeld nicht rechtzeitig gezahlt wird, gilt das noch nicht unbedingt als Verzug. Die Frage, wann ein solcher eintritt, ist deshalb wichtig, weil nur dann Verzugszinsen und ein eventueller Verzugsschaden seitens der Gemeinschaft geltend gemacht werden können. Ist der Zahlungszeitpunkt nicht im Beschluss selbst oder in der Teilungserklärung kalendermäßig bestimmt – **Beispiel:** Zahlungstermin 15. September –, muss der Verwalter mahnen. Ohne Mahnung tritt kein Verzug ein, sodass weder Verzugszinsen noch Verzugsschadenersatz wie zum Beispiel Anwaltsgebühren verlangt werden können.

Beim Verkauf einer Eigentumswohnung verbleiben die für das laufende Wirtschaftsjahr gezahlten Hausgelder bei der Gemeinschaft. Dies gilt insbesondere auch für die Instandhaltungsrücklage.

Die Reform des Wohnungseigentumsgesetzes erleichtert es der Gemeinschaft, Zahlungsangelegenheiten zu regeln. Selbst wenn die Gemeinschaftsordnung bereits Vorschriften über Zahlungsangelegenheiten enthält, kann die Gemeinschaft nun durch Mehrheitsbeschluss abweichende Regelungen treffen.

Das gilt unter anderem für:

- die Art und Weise von Zahlungen, etwa Überweisung, Lastschrift, Dauerauftrag,
- das Fälligwerden von Zahlungen, beispielsweise des Wohngelds oder von Sonderumlagen,
- die Bezahlung von Kosten für eine besondere Nutzung des gemeinschaftlichen Eigentums, zum Beispiel für die Nutzung eines gemeinschaftlichen Versammlungsraums für private Feiern einzelner Miteigentümer,
- Zahlungen für einen besonderen Verwaltungsaufwand, etwa für die Baubetreuung einer größeren Umbaumaßnahme durch den Verwalter.

Sonderumlagen

Wenn der Verwalter feststellt, dass die im Wirtschaftsplan veranschlagten Vorauszahlungen nicht ausreichen, müssen die Eigentümer Zahlungen leisten, um die Lücken zu decken. Es handelt sich hierbei um sogenannte Sonderumlagen, die durch einen Mehrheitsbeschluss erhoben werden können. Es gibt unterschiedliche Gründe, warum Vorauszahlungen nicht ausreichen können. Neben unzutreffenden Kostenansätzen im Wirtschaftsplan können Zahlungsausfälle bei einem Miteigentümer oder unvorhergesehene größere Reparaturen als Ursache in Betracht kommen. **Beispiel:** Bei einer technischen Überprüfung der Aufzugsanlage durch die zuständige Behörde werden Sicherheitsmängel festgestellt, deren Beseitigung erheblichen Aufwand verursacht.

Sonderumlagen lassen sich manchmal nicht vermeiden.

Wirtschaftsplan und Jahresabrechnung

Bedeutung des Wirtschaftsplans

In vielen Fällen wird nicht richtig zwischen der Erstellung und dem Zweck des Wirtschaftsplans einerseits und der Jahresabrechnung andererseits unterschieden. Dazu müssen Sie Folgendes wissen: Im Wirtschaftsplan stellt der Verwalter diejenigen Einnahmen und Ausgaben zusammen, die voraussichtlich für das kommende Wirtschaftsjahr bei der Verwaltung des gemeinschaftlichen Eigentums anfallen werden. Dabei greift er auf die Zahlen der vergangenen Jahresabrechnung zurück. Sind zum Zeitpunkt der Erstellung des Wirtschaftsplans bereits zusätzliche Aufwendungen oder Zahlungsausfälle erkennbar, wird er diese entsprechend berücksichtigen.

Der ermittelte Finanzbedarf ist die Basis für die Zahlung des Hausgelds, das in der Regel monatlich fällig wird. Allerdings muss der Wirtschaftsplan erst von der Gemeinschaft beschlossen werden, bevor die Zahlungspflicht für die einzelnen Wohnungseigentümer in Kraft tritt. Wenn der Verwalter keinen Wirtschaftsplan erstellt, darf jeder Eigentümer dies von ihm verlangen, dafür ist kein Mehrheitsbeschluss nötig.

Grundsätzlich gilt der Wirtschaftsplan nur für das Wirtschaftsjahr.

Der Wirtschaftsplan erstreckt sich auf das zukünftige Rechnungsjahr. Nach dem Gesetz ist dies das Kalenderjahr, allerdings sind auch andere Regelungen möglich. So kann das Rechnungsjahr beispielsweise an die Heizperiode angepasst werden. Der Verwalter ist verpflichtet, den Wirtschaftsplan zu Beginn des Rechnungsjahrs zur Beschlussfassung vorzulegen. Es reicht jedoch aus, wenn er dies in den ersten drei bis vier Monaten des Rechnungsjahrs erledigt.

Der Wirtschaftsplan gilt immer nur für den Zeitraum, den er abdeckt, in der Regel also für das Rechnungsjahr. Er trifft nicht

Wirtschaftsplan

WEG Musterstr. 13, 15,Düsseldorf

40545 Düsseldorf Musterstr. 13, 1. Obergeschoß, 1. Wohnung von links

Planzeitraum: 01.01.2011 - 31.12.2011

01.01.2012 - Neubeschluss

Deutsche Annington Service GmbH
Eulerstr. 50 40477 Düsseldorf

Herrn

Max Mustermann

Musterstr. 13

40545 DÜSSELDORF

1. Informationsfenster

Bereich	Deutsche Annington Service GmbH
	Wohnungseigentumsverwaltung
Ansprechpartner	Birgit Beispiel
Telefon	0211-123456
Telefax	0211-123455
E-Mail	birgit.beispiel @deutsche-annington.com
Bankverbindung	Kto. 48404560
	BLZ 43050001
	Sparkasse Bochum
WE-Nr.:	9318 / 00260183
Hausgeldvertrag-Nr.	H0318005004

Düsseldorf , 07.12.2011

1   Hausgeld umlagefähig

Nr.	Kosten Bezeichnung	Gesamtkosten in EUR	Umlegungsgröße gesamt	Umlegungsgröße Ihr Anteil	Ihr Kostenanteil in EUR
1	Straßenreinigung	560,00	1.112,91 qm	59,00 qm	29,69
2	Müllabfuhr	3.300,00	1.112,91 qm	59,00 qm	174,95
3	Entwässerung	2.400,00	1.112,91 qm	59,00 qm	127,23
4	Wasserkosten	2.600,00	1.112,91 qm	59,00 qm	137,84
5	Stromversorgung	800,00	1.112,91 qm	59,00 qm	42,41
6	Wartung Löscheinrichtung	50,00	1.112,91 qm	59,00 qm	2,65
7	Schornsteinfeger	100,00	9.769,00 MEA	519,00 MEA	5,31
8	Sach- u. Haftpflichtvers.	1.300,00	1.112,91 qm	59,00 qm	68,92
9	Hauswart	6.000,00	1.112,91 qm	59,00 qm	318,09
10	Heizkosten extern	11.900,00	11.182,89 EUR	608,22 EUR	647,22
	Gesamt Hausgeld umlagefähig	29.010,00			1.554,31

2   Hausgeld nicht umlagefähig

Nr.	Kosten Bezeichnung	Gesamtkosten in EUR	Umlegungsgröße gesamt	Umlegungsgröße Ihr Anteil	Ihr Kostenanteil in EUR
1	WEG Reparaturen	3.000,00	10.000,00 MEA	519,00 MEA	155,70
2	WEG Kontoführungsgebühr	50,00	10.000,00 MEA	519,00 MEA	2,60
3	WEG Verwaltungsgebühren	3.980,52	15,00 ST	1,00 ST	265,37
4	WEG Verwalt.gebühr Garagen	258,24	7,00 ST	0,00 ST	0,00
	Gesamt Hausgeld nicht umlagefähig	7.288,76			423,67

3   Beitragsleistung zur Instandhaltungsrückstellung

Nr.	Kosten Bezeichnung	Gesamtkosten in EUR	Umlegungsgröße gesamt	Umlegungsgröße Ihr Anteil	Ihr Kostenanteil in EUR
1	WEG Soll-Zuführung IH-Rückst.	8.536,02	10.000,00 MEA	519,00 MEA	443,02
	Gesamt Beitragsleistung zur Instandhaltungsrü	8.536,02			443,02

	Jahresbetrag in EUR	Ihr Anteil pro Jahr in EUR	Monatliches Hausgeld (gerundet auf 1 Euro)
Bewirtschaftungskosten	24.398,76	1.330,76	111,00
Heizkosten	11.900,00	647,22	54,00
Zuführung IH-Rückstellung	8.536,02	443,02	37,00
			202,00

Deutsche Annington Service GmbH, Philippstr. 5, 44803 Bochum . Geschäftsführung: Arnd Fittkau, Thomas Kohlhage, Caspar Nonnenmühlen
Amtsgericht Bochum HRB 13643

automatisch auch für das Folgejahr zu. Anderes ist nur möglich, wenn dies im Beschluss über den Wirtschaftsplan ausdrücklich festgelegt wird. Dadurch wird sichergestellt, dass die zu leistenden Hausgeldzahlungen auch zukünftig fällig werden. Ohne eine solche Regelung kann für die einzelnen Wohnungseigentümer keine Zahlungspflicht für das Folgejahr begründet werden.

Der Wirtschaftsplan enthält drei Positionen:

1. die Angaben über die voraussichtlichen Einnahmen und Ausgaben, die bei der Verwaltung des Gemeinschaftseigentums anfallen;
2. die Verteilung der Ausgaben und Einnahmen auf die einzelnen Wohnungseigentümer entsprechend dem Verteilungsschlüssel;
3. die Beiträge der einzelnen Eigentümer für die Instandhaltungsrücklage.

Wichtig

Auch wenn der Beschluss über den Wirtschaftsplan angefochten wird, hat dies keine aufschiebende Wirkung. Das bedeutet, dass die Zahlungen zunächst zu leisten sind. Erst wenn der Beschluss vom Gericht rechtskräftig für unwirksam erklärt wurde, entfällt die Zahlungspflicht.

Der Verwaltungsbeirat prüft häufig vor dem Beschluss über den Wirtschaftsplan, ob die vom Verwalter veranschlagten Ansätze zutreffend sind. Um einen Wirtschaftsplan zu beschließen, genügt die einfache Mehrheit.

Der Wirtschaftsplan als „Haushaltsplan" der Eigentümergemeinschaft und die Jahresabrechnung sind zwei unterschiedliche Dinge. Der Sinn des Wirtschaftsplans liegt in erster Linie darin, die Zahlungspflicht für die Vorschüsse der Eigentümer zu begründen. Zum Verfahren, wenn ein Miteigentümer nicht zahlt, erfahren Sie mehr ab Seite 114. Über die tatsächliche Abrechnung der angefallenen Kosten trifft der Wirtschaftsplan keine Aussage.

Inhalt der Jahresabrechnung

Im Gegensatz zum Wirtschaftsplan weist die Jahresabrechnung die tatsächlich angefallenen Einnahmen und Ausgaben der Gemeinschaft aus. Die Jahresabrechnung wird vom Verwalter erstellt und üblicherweise innerhalb der ersten zwei bis drei Monate nach

Ablauf des Wirtschaftsjahrs vorgelegt. Länger als sechs Monate darf er sich aber keinesfalls Zeit lassen, was in der Praxis jedoch oft geschieht.

In der Jahresabrechnung werden die tatsächlichen Einnahmen und Ausgaben gegenübergestellt und am Ende saldiert. Entsprechend kann eine Nachzahlung notwendig werden oder ein Erstattungs- anspruch der Eigentümer entstehen. Dieser Anspruch wird jedoch erst dann zur Zahlung fällig, wenn die Gemeinschaft über die Ab- rechnung des Verwalters Beschluss gefasst hat.

Aus der Jahresabrechnung ergibt sich entweder eine Nachzahlung oder eine Erstattung.

Die Jahresabrechnung muss so gestaltet sein, dass sie auch ohne die Hilfe eines Spezialisten inhaltlich und rechnerisch nachzu- vollziehen ist. Sie gibt nur die tatsächlich zu- und abgeflossenen Beträge wieder.

Im Einzelnen enthält die Jahresabrechnung folgende Angaben:
- Zusammenstellung der Gesamtkosten,
- Angabe und Erläuterung des jeweils zugrunde gelegten Verteilungsschlüssels,
- Berechnung des Anteils des jeweiligen Wohnungseigentümers,
- Abzug der Vorauszahlungen, die von den einzelnen Eigentümern bereits geleistet wurden,
- Nachzahlungs- oder Erstattungsbetrag.

Außerdem muss die Jahresabrechnung Auskunft über die Höhe der gebildeten Rücklagen geben. Als Wohnungseigentümer können Sie so jederzeit feststellen, welche Instandhaltungsrücklage angesam- melt wurde. Auch Zinseinkünfte aus eventuellem Kapitalvermögen der Eigentümergemeinschaft müssen angegeben werden. Das gilt ebenso für andere Einnahmen, die beispielsweise aus der Vermie- tung von Kfz-Stellplätzen oder Werbeflächen erzielt werden. Soweit einzelne Eigentümer mit Hausgeldzahlungen im Rückstand sind, ist deren Höhe ebenfalls in der Jahresabrechnung festzuhalten.

Der BGH hat jüngst eine wichtige Entscheidung zur richtigen Buchung und Darstellung der Instandhaltungsrücklage getroffen, die die gesamte bisherige Rechtsprechung und Verwaltungspraxis für unzulässig erklärt (BHG V ZR 44/09, 4.12.2009). Die Konsequenzen, die sich im Einzelnen aus dieser Entscheidung ergeben, können hier nicht dargestellt werden, das würde den Rahmen des Buchs sprengen. Im Wesentlichen geht es aber darum, dass häufig manche Eigentümer ihr Wohngeld nicht zahlen. In der Jahresabrechnung muss dargestellt werden, welche Beiträge davon der Instandhaltungsrücklage zugeführt wurden. Bisher wurde dann häufig der Betrag angeführt, der dieser Rücklage hätte zufließen sollen, aufgrund der geschuldeten Zahlungen Einzelner aber in der Realität nicht zugeführt werden konnte. Seit der BGH-Entscheidung müssen die tatsächlich gezahlten und der Instandhaltungsrücklage zugeführten Beiträge als Einnahmen dargestellt werden, außerdem muss zusätzlich kenntlich gemacht werden, in welcher Höhe noch Zahlungen geschuldet werden.

Welche Punkte Sie überprüfen sollten, wenn Sie die Jahresabrechnung erhalten, können Sie der folgenden Checkliste entnehmen.

✓ Checkliste: Prüfung der Jahresabrechnung

☐ Sind die angesetzten Kosten tatsächlich im Abrechnungszeitraum entstanden?

☐ Erfasst die Abrechnung sämtliche Einnahmen der Eigentümergemeinschaft?

☐ Sind bei den verbrauchsabhängigen Kosten Anfangs- und Endstand angegeben, zum Beispiel beim Heizöltank?

☐ Wurde der zutreffende Verteilungsschlüssel angegeben und angewandt?

☐ Sind die von Ihnen geleisteten Vorauszahlungen berücksichtigt?

☐ Ist die Einzelabrechnung sachlich und rechnerisch richtig?

☐ Werden einzelne Positionen an verschiedenen Stellen zweimal berücksichtigt (Doppelansätze)?

☐ Sind nicht umlagefähige Betriebskosten gesondert ausgewiesen? Das ist wichtig, wenn Sie eine Wohnung vermieten.

☐ Sind die entstandenen Kosten im Vergleich zu den Vorjahren überdurchschnittlich hoch?

☐ Besteht die Notwendigkeit, Abrechnungsunterlagen einzusehen?

☐ Entspricht die Darstellung der Beiträge zur Instandhaltungsrücklage den neuen Regeln (s.o.)?

Stellen Sie Fehler in einer beschlossenen Jahresabrechnung fest, müssen Sie diese innerhalb der Monatsfrist gerichtlich anfechten. Versäumen Sie diese Frist, wird die Abrechnung endgültig verbindlich (bestandskräftig) und Sie haben keine Möglichkeit mehr, eine Korrektur durchzusetzen.

Auftraggeber

techem

Heiz-, Warmwasser- und Haus-
nebenkostenabrechnung 2010

Erstellt am
12.12.2011

Ihre Nutzer-Nr.

Techem Nutzer-Nr.   **Lage**

Abrechnungseinheit

Abrechnungszeitraum
01.01.2010 - 31.12.2010

Ihre Heizkosten	315,65 EUR
Ihre Warmwasserkosten	262,61 EUR
Ihre Kaltwasserkosten	112,40 EUR
Ihre Betriebskosten	368,03 EUR
Ihr Anteil an den Gesamtkosten	**1.058,69 EUR**
Ihre Vorauszahlung	**-1.020,00 EUR**
Ihre Nachzahlung	**38,69 EUR**

■ Ihr Anteil an den Gesamtkosten (1)

	Gesamtkosten in EUR		Gesamteinheiten (2)		=	Preis je Einheit x	Ihre Einheiten	=	Ihre Kosten in EUR
Heizkosten	**5.215,08**								
30% Grundkosten	1.564,52 :		992,480	m² Nutzfläche	=	1,576374 x	64,650	=	101,91
70% Verbrauchskosten	3.650,56 :		71.493,000	Einheiten	=	0,051062 x	4.186,000	=	213,74
Ihre Heizkosten									**315,65**
Warmwasserkosten	**3.245,01**								
30% Grundkosten	973,50 :		992,480	m² Nutzfläche	=	0,980876 x	64,650	=	63,42
70% Verbrauchskosten	2.271,51 :		235,592	Kubikmeter	=	9,641711 x	20,660	=	199,19
Ihre Warmwasserkosten									**262,61**
Kaltwasserkosten	**1.493,54**								
Kaltwasser	1.268,35 :		657,430	Kubikmeter	=	1,929255 x	49,480	=	95,46
Gerätemiete Kaltwasser	161,36 :		657,430	Kubikmeter	=	0,245441 x	49,480	=	12,14
Verbrauchserfassung KW	63,83 :		657,430	Kubikmeter	=	0,097090 x	49,480	=	4,80
Ihre Kaltwasserkosten									**112,40**
Betriebskosten	**5.649,58**								
Grundsteuer	3.115,00 :		992,480	m² Nutzfläche	=	3,138602 x	64,650	=	202,92
Müllabfuhr	1.230,87 :		992,480	m² Nutzfläche	=	1,240196 x	64,650	=	80,18
Versicherung	1.048,39 :		992,480	m² Nutzfläche	=	1,056334 x	64,650	=	68,29
Allgemeinstrom	255,32 :		992,480	m² Nutzfläche	=	0,257255 x	64,650	=	16,64
Ihre Betriebskosten									**368,03**
Ihr Anteil an den Gesamtkosten									**1.058,69**

■ Ihre Ablesewerte

Gerätenummer/ Skala	Raum (3)		Datum	Ablesewert alt	Ablesewert neu	Verbrauch
Heizkostenverteiler						
84512711	K		15.03.2010	0,000	1,000	1,000
84512828	F		31.12.2010	0,000	15,000	15,000
84512719	W		31.12.2010	0,000	275,000	275,000
84512720	W		31.12.2010	0,000	2.965,000	2.965,000
84512712	B		31.12.2010	0,000	728,000	728,000
84517965	S		31.12.2010	0,000	70,000	70,000
84517967	KI		31.12.2010	0,000	132,000	132,000
Verbrauch (Einheiten)						**4.186,000**

Fortsetzung auf der Folgeseite

(1) Die Gesamtkosten können Sie der nachfolgenden Kostenaufstellung des gesamten Objektes entnehmen
(2) Gesamteinheiten des Objektes
(3) Siehe Erläuterungen

Seite 1/3

Prüfungs- und Einsichtsrechte

Einsichtsrecht

Wenn Sie Einsicht in die Unterlagen nehmen möchten, sollten Sie die Einzelheiten wie Zeit, Ort etc. vorher mit dem Verwalter klären.

Ebenso wie der Verwaltungsbeirat sind auch die einzelnen Eigentümer berechtigt, die Belege und Unterlagen des Verwalters einzusehen. Einige Verwalter möchten diese lästige Angelegenheit umgehen und verweisen darauf, dass die Einsicht angeblich gegen das Datenschutzrecht verstoße. Lassen Sie sich mit diesem Argument nicht abweisen. Datenschutzrechtliche Belange werden hier normalerweise nicht beeinträchtigt, da sie sich nur auf personenbezogene Daten beziehen. Ihr Einsichtsrecht geht jedoch nicht so weit, dass Ihnen die Originalunterlagen ausgehändigt werden müssen. Allerdings können Sie sich Kopien anfertigen bzw. vom Verwalter erstellen lassen. Die Kosten darf er sich von Ihnen erstatten lassen. Die Unterlagen werden gewöhnlich im Büro des Verwalters eingesehen und zwar während der üblichen Öffnungszeiten des Büros.

Prüfungs- und Kontrollrecht des Verwaltungsbeirats

Wenn es einen Verwaltungsbeirat gibt, sollte dieser die Jahresabrechnung überprüfen und Stellung dazu nehmen. Diese Stellungnahme kann der Eigentümerversammlung als Orientierung dienen, wenn sie einen Beschluss fasst. Der Verwaltungsbeirat prüft, inwieweit die Abrechnung rechnerisch und sachlich richtig ist. Im Einzelnen wird er dabei jene Punkte kontrollieren, die in der Checkliste zur Prüfung der Jahresabrechnung bereits genannt wurden. Darüber hinaus nimmt der Beirat Einblick in Konten und Belege sowie in die Abrechnungsunterlagen. Er prüft auch, ob die Rechnungsbeträge korrekt in die Abrechnung eingestellt und ob etwaige Skontoabzüge vorgenommen wurden. Entsprechendes gilt, wenn Mengenrabatte in Anspruch genommen werden.

Der Beschluss über die Jahresabrechnung

Die Gemeinschaft muss über die Jahresabrechnung des Verwalters entscheiden. Diesen Beschluss dürfen die Eigentümer nicht dem Verwaltungsbeirat übertragen, sondern müssen ihn selbst treffen.

Laut Wohnungseigentumsgesetz genügt hierfür allerdings Stimmenmehrheit.

Bevor nicht über die Jahresabrechnung abgestimmt wurde, können aus ihr keine Ansprüche geltend gemacht werden. Etwaige Nachzahlungsansprüche entstehen also erst nach Beschlussfassung und Zahlungsaufforderung durch den Verwalter. Ergibt sich aus der Jahresabrechnung ein Überschuss, so wird ebenfalls per Beschluss entschieden, wofür dieser verwendet wird. Überschüsse können beispielsweise ausbezahlt oder mit den Vorauszahlungsbeträgen des kommenden Wirtschaftsjahrs verrechnet werden.

Wichtig

Die beschlossenen Zahlungspflichten gelten auch für Miteigentümer, die eventuell gegen die Abrechnung gestimmt haben. Auch wenn sich ein Wohnungseigentümer entschließt, diesen Beschluss anzufechten, so ist keiner der Eigentümer von seiner Zahlungspflicht entbunden. Erst wenn ein angefochtener Beschluss rechtskräftig für ungültig erklärt wurde, entfällt die Grundlage für die Zahlungsverpflichtung.

Entlastung des Verwalters

Häufig wird mit der Jahresabrechnung zugleich die Entlastung des Verwalters beschlossen. Durch die Entlastung billigen die Miteigentümer die Tätigkeit des Verwalters im betreffenden Wirtschaftsjahr. Nach der Entlastung muss der Verwalter keine weiteren Erklärungen zu diesem Wirtschaftsjahr mehr erteilen. Entsprechend sind dann Schadenersatzforderungen gegen ihn nur noch in Ausnahmefällen möglich.

Auch wenn über die Entlastung des Verwalters und die Jahresabrechnung in einem Beschluss entschieden wird, handelt es sich um zwei rechtlich selbstständige Beschlüsse. So ist es beispielsweise möglich, lediglich die Entlastung des Verwalters anzufechten und den Beschluss über die Jahresabrechnung bestehen zulassen. Das könnte sinnvoll sein, wenn er die Jahresabrechnung zwar korrekt aufgestellt hat, aber man möglicherweise Schadenersatz – zum Beispiel wegen Fehlern bei einer von ihm betreuten Bauabnahme – fordern will.

Die Unterscheidung zwischen dem Entlastungsbeschluss des Verwalters und der Beschlussfassung über die Jahresabrechnung hat rechtliche Gründe.

Versicherung
Was ist nötig, was ist sinnvoll?

Manche Versicherungen müssen Sie als Eigentümer selbst abschließen, andere übernimmt die Gemeinschaft. Zudem sind
einige Policen für einen Mindestversicherungsschutz gesetzlich
vorgeschrieben. Bestimmte Schadensursachen werden nur durch
zusätzliche Vereinbarungen abgedeckt. Wenn Sie bei einem
Schadensfall haften müssen, kann das für Sie erhebliche finanzielle Konsequenzen haben. Deshalb lohnt es sich, die Versiche-
rungspflichten und -möglichkeiten genau zu überprüfen, wobei
Ihnen dieses Kapitel helfen möchte.

Welche Versicherungen kommen in Betracht?

Wie im sonstigen Leben gibt es auch in der Gemeinschaft Pflichtversicherungen und freiwillige Versicherungen.

Bei Versicherungen rund um das Wohnungseigentum können drei
verschiedene Kategorien unterschieden werden:
Versicherungen,

- deren Abschluss das Gesetz für die Gemeinschaft vorschreibt,
- deren Abschluss nicht vorgeschrieben ist, worüber die
  Gemeinschaft bei Bedarf jedoch durch Mehrheitsbeschluss
  entscheiden kann,
- deren Abschluss im Ermessen jedes einzelnen Miteigentümers
  liegt.

Nach dem Gesetz ist der Abschluss einer Feuerversicherung für
das gemeinschaftliche Eigentum sowie einer Haus- und Grundbesitzer-Haftpflichtversicherung durch die Eigentümergemeinschaft
für eine ordnungsgemäße Verwaltung verpflichtend.

Darüber hinaus gibt es weitere Versicherungen für die Gemeinschaft, über die in der Regel durch Mehrheitsbeschluss entschieden werden kann. Man sollte sich je nach Lage des Objekts und
gegebenenenfalls auch nach finanziellen Kriterien über zusätzliche
Versicherungen Gedanken machen.

Beispiele für zusätzliche Versicherungen sind:

- Gewässerschaden-Haftpflichtversicherung,
- Leitungswasserschaden-Versicherung,
- Sturmschaden- und Hagelversicherung,
- Elementarschadenversicherung.

Privathaftpflichtversicherung und Rechtsschutzversicherung sind Angelegenheit der Miteigentümer. Für den Aufgabenbereich des Verwalters selbst sollte man außerdem an eine Vermögenshaftpflichtversicherung denken. Sie kommt auch für die Mitglieder des Verwaltungsbeirats in Betracht.

> **Der Abschluss einer Haftpflicht- oder Rechtschutzversicherung steht im Ermessen eines jeden Miteigentümers.**

Doch ziehen Sie keine falschen Schlüsse von der Bezeichnung der Versicherung auf die Art der abgedeckten Schäden. Denn in den jeweiligen Versicherungsbedingungen gibt es eine lange Liste von Schäden, die ausdrücklich vom Versicherungsschutz ausgenommen werden („Ausschlüsse"). Außerdem ist der Versicherungsschutz immer betragsmäßig begrenzt. Überschreitet also ein Schadensereignis den vereinbarten Versicherungshöchstbetrag, verbleibt der überschüssige Teil als Schaden beim Versicherungsnehmer bzw. Schädiger.

Von der Gemeinschaft abzuschließende Versicherungen

Die Haus- und Grundbesitzer-Haftpflichtversicherung

Da die Gemeinschaft bei der Verletzung sogenannter Verkehrssicherungspflichten gegenüber Dritten haftet, schreibt das Gesetz für die ordnungsgemäße Verwaltung den Abschluss einer entsprechenden Versicherung vor. Abgedeckt sind Personen- und Sachschäden, die sich aus dem nicht ordnungsgemäßen Zustand des Gemeinschaftseigentums oder einer unzureichenden Unterhaltung ergeben. Darunter fallen beispielsweise die folgenden Schadensereignisse:

Typische Schäden wegen verletzter Verkehrssicherungspflichten:
Da die Streu- und Schneeräumpflicht nicht eingehalten wurde, stürzt ein Besucher im Bereich des gemeinschaftlichen Eigentums und zieht sich Verletzungen zu.

■ Der Rhythmus für die automatische Abschaltung des Treppenhauslichts wurde zu kurz eingestellt. Ein Lieferant steht plötzlich im Dunkeln, stürzt und beschädigt dabei das bestellte Fernsehgerät.

■ Infolge eines nicht ordnungsgemäß gewarteten Dachs fallen Ziegel herunter und beschädigen das parkende Fahrzeug eines Besuchers.

Im Rahmen der Haus- und Grundbesitzer-Haftpflichtversicherung sind nur solche Schäden versichert, die Dritten – also nicht Miteigentümern – zustoßen. Kommt es in diesem Zusammenhang auch zu Schäden am Gemeinschafts- oder Sondereigentum, sind diese nicht durch die Haus- und Grundbesitzer-Haftpflicht abgedeckt. Um diese Lücke zu schließen, bietet die Versicherungswirtschaft Erweiterungen an. Durch solche Vereinbarungen können folgende Konstellationen in den Versicherungsumfang einbezogen werden:

■ Ansprüche eines Miteigentümers gegen den Verwalter,
■ Ansprüche eines Miteigentümers gegen die Gemeinschaft,
■ gegenseitige Ansprüche von Wohnungseigentümern bei Tätigkeit im Interesse und für Zwecke der Gemeinschaft, zum Beispiel Arbeiten im gemeinschaftlichen Garten.

Feuerversicherung

Das Gesetz schreibt ebenfalls vor, dass die Eigentümergemeinschaft eine Feuerversicherung abschließt. Die Versicherung muss zum Neuwert erfolgen und darf nicht lediglich den Zeitwert der

Anlage abdecken. Auf diese Weise wird gewährleistet, dass gegebenenfalls eine Wiedererrichtung aus Versicherungsmitteln erfolgen kann. Wenn darüber hinaus noch die Versicherung zum „gleitenden Neuwert" vereinbart wird, wird der Versicherungsumfang automatisch an steigende Bau- und Materialkosten angepasst. Bei Abschluss des Vertrags ist unbedingt darauf zu achten, dass die Versicherungssumme ausreichend ist.

Die auf dem Markt erhältlichen Policen decken üblicherweise folgende Schäden ab:
- Brand,
- Blitzschlag,
- Explosion,
- Anprall und Absturz von Luftfahrzeugen oder Teilen davon.

Ebenfalls mit eingeschlossen sind in diesem Zusammenhang entstehende Folgeschäden durch Rauch, Ruß oder Löschwasser sowie Schäden, die beim Abreißen und Aufräumen von Gebäudeteilen entstehen.

Wichtig: Die Feuerversicherung beinhaltet üblicherweise keine Schäden am Sondereigentum. Dafür müsste die Gemeinschaft beschließen, den Versicherungsumfang zu erweitern. Eine Reihe von gängigen Schäden bei Feuerfällen ist nicht von der Feuerversicherungspolice abgedeckt. Hierzu gehören zum Beispiel Schäden am Hausrat der einzelnen Miteigentümer. Dafür müssen Sie selbst eine Hausratversicherung abschließen. Soweit eine Wohnung oder ein Teileigentum vermietet wird, sind auch feuerbedingte Mietausfälle vom Versicherungsschutz ausgenommen. Im Hinblick darauf können ebenfalls Erweiterungen des Versicherungsschutzes vereinbart werden.

> **Tipp**
>
> Bei der Feuerversicherung ist aus guten Gründen vorgeschrieben, dass diese zum Neuwert und nicht nur zum Zeitwert erfolgen muss. Dadurch ist sichergestellt, dass im Falle eines Falles das Gebäude tatsächlich wiedererrichtet werden kann.

Sonstige Versicherungsmöglichkeiten für die Gemeinschaft

Es wurde bereits darauf hingewiesen, dass es über die gesetzlich vorgeschriebenen Versicherungen hinaus weitere Versicherungs-

möglichkeiten für die Gemeinschaft gibt. Im Einzelfall kann durch
Mehrheitsbeschluss entschieden werden, ob weitergehende Versicherungen eingeholt werden sollen oder nicht. Zu den wichtigsten Versicherungen aus dieser Kategorie müssen Sie Folgendes
wissen:

Sturmschaden- und Hagelversicherung

Diese Police deckt Schäden unmittelbarer Sturm- oder Hagelein-
wirkungen auf das Gebäude ab. Dazu zählt beispielsweise die
Schädigung des Dachs. Ebenso sind Schäden abgedeckt, die
durch Gebäudeteile, Bäume oder andere Gegenstände am Gebäude entstehen.
Beispiel: Durch einen Sturm wird ein Baum entwurzelt und beschädigt dabei die Gebäudefassade.

Wichtig: Dringt Feuchtigkeit durch Öffnungen ein, die nicht durch
Sturm oder Hagel verursacht wurden, besteht kein Versicherungsschutz.

Leitungswasserschaden- und Rohrbruchversicherung

Wasserschäden sind zu Recht gefürchtet, da sie lange Zeit unbemerkt bleiben und zu erheblichen Schäden führen können.

Die Leitungswasserschaden-Versicherung deckt Schäden ab, die
innerhalb und außerhalb des Gebäudes an Zu- und Ableitungsroh-
ren durch Rohrbruch oder Frost entstanden sind. Das gilt auch für
Frostschäden an Sanitäreinrichtungen, wie beispielsweise Wasser-
armaturen, Boilern oder Heizkörpern.

Wichtig: Soweit die Schäden durch Grundwasser, stehendes oder
fließendes Gewässer, Hochwasser oder Witterungsniederschlägen
entstehen, greift der Versicherungsschutz nicht.

Soll neben der Feuerversicherung auch Versicherungsschutz für
Sturm- und Hagelschäden sowie für Leitungswasser- und Rohr-
bruchschäden bestehen, ist der Versicherungsschutz über die
„Verbundene Gebäudeversicherung" zu erhalten. Erweiterungen
des Versicherungsumfangs können durch eine Elementarschadenversicherung erreicht werden. Dort werden unter anderem Schäden
durch Überschwemmungen und Rückstau durch Starkregen, Erdbe-
ben, Erdrutsch und Schneedruck abgedeckt. Unabhängig davon,
ob nur die Feuerversicherung oder der Versicherungsschutz über

eine verbundene Gebäudeversicherung abgeschlossen wird, ist bei Vertragsabschluss auf eine ausreichend hohe Versicherungssumme zu achten. Ist dies nicht der Fall, übernimmt der Versicherer Schäden entsprechend dem Grad der Unterversicherung nur anteilig.

Wichtig: Bei Fotovoltaikanlagen gelten besondere Bedingungen, da sie aufgrund der Einspeisung in das öffentliche Netz als gewerbliche Anlagen gelten.

Gewässerschaden-Haftpflichtversicherung

Insbesondere wenn die Anlage durch eine zentrale Ölheizung versorgt wird, empfiehlt sich der Abschluss einer Gewässerschaden-Haftpflichtversicherung. Erst recht gilt dies, wenn die Anlage über einen Erdtank versorgt wird. Nach dem Gesetz ist jeder, der die Verschmutzung von Gewässern verursacht hat, verpflichtet, den hieraus entstandenen Schaden zu ersetzen. Diese Haftung ist besonders wichtig, weil sie unabhängig von einem persönlichen Verschulden des Verursachers greift. Die gängigen Schäden können in solchen Fällen sehr teuer werden.

> **Tipp**
>
> Vermeiden Sie Unterversicherung: Wenn die Versicherungssumme nicht den tatsächlichen Wert des Gebäudes abdeckt, erhalten Sie im Ernstfall nur eine anteilige Entschädigung.

Bei einem Erdtank empfiehlt sich der Abschluss einer Gewässerschadenpolice unbedingt.

Versicherungsmöglichkeiten für Sie als Eigentümer

Privathaftpflichtversicherung

Der Abschluss einer privaten Haftpflichtversicherung ist für jeden unbedingt ratsam. Wenn Sie als Wohnungseigentümer eine Privathaftpflichtversicherung abschließen, sollten Sie zudem darauf achten, dass diese auch Ihren Anteil am Sondereigentum umfasst. Nur auf diese Weise stellen Sie sicher, dass Schäden, die nicht in

der Haus- und Grundbesitzer-Haftpflichtversicherung der Gemeinschaft erfasst sind, abgedeckt werden.

Bedenken Sie, dass durch die private Haftpflichtversicherung nur
das selbst genutzte Wohneigentum versichert werden kann. Wenn
Sie Ihre Wohnung oder ein Teileigentum vermieten oder gewerblich
nutzen, besteht kein Versicherungsschutz unter der Privathaftpflichtversicherung. Durch Erweiterungen des Versicherungsumfangs können Sie aber auch vermietete oder gewerblich genutzte
Einheiten versichern.

Rechtsschutzversicherung

Mithilfe einer Rechtsschutzversicherung können sich Wohnungseigentümer gegen die Kosten von Rechtsstreitigkeiten innerhalb
der Gemeinschaft absichern. Dadurch besteht die Möglichkeit, Ge-
richts-, Anwalts- und Sachverständigenkosten abzudecken. Auch
dies kann durch Erweiterung einer allgemeinen (Familien-)Rechts-
schutzpolice geschehen, was insbesondere wegen der geänderten
Regelungen zur Kostentragung sinnvoll erscheint. Im Gegensatz
zur alten Rechtslage hat neuerdings nämlich die unterlegene Partei
sämtliche Kosten zu tragen, die mit dem Rechtsstreit zusammenhängen.

Wichtig: Baurechtliche Streitigkeiten und Auseinandersetzungen
mit dem Bauträger sind vom Versicherungsschutz ausgenommen.

Vermögensschaden-
Haftpflichtversicherung

**Bereits bei der Verwal-
terauswahl sollte nach einer
Vermögensschadenpolice
gefragt werden.**

Für den Verwalter empfiehlt sich der Abschluss einer Vermögens-
schaden-Haftpflichtversicherung. Das liegt auch im Interesse der
Gemeinschaft, da sie im Konfliktfall auch dann nicht leer ausgeht,
wenn der Verwalter finanziell nicht in der Lage sein sollte zu zahlen. Deshalb sollte dem Verwalter der Abschluss einer solchen

Versicherung im Verwaltervertrag auferlegt werden. Sicherheitshalber sollte sich der Verwaltungsbeirat die jährliche Zahlung der
Versicherungsprämien nachweisen lassen. Die Prämien für eine
solche Versicherung sind vom Verwalter zu tragen. Anders ist dies
bei der bereits angesprochenen Vermögensschaden-Haftpflicht-
versicherung für die Mitglieder des Verwaltungsbeirats. Diese
Prämien werden von der Gemeinschaft getragen. Abhängig von
den Aufgaben des Beirats ist diese Tätigkeit gegebenenfalls in der
Haus- und Grundbesitzer-Haftpflichtversicherung der Eigentümer
mitversichert.

Abschluss und Verwaltung von Versicherungsverträgen

Beim Abschluss und bei der Kündigung von Versicherungsverträgen der Gemeinschaft wird normalerweise der Verwalter tätig.
Allerdings ist er nicht befugt, dies aus eigenen Stücken zu tun. Die
Entscheidung über die Auswahl, den Abschluss oder die Kündigung von Versicherungen trifft allein die Eigentümerversammlung.
Erst wenn diese einen entsprechenden Beschluss gefasst hat,
kann der Verwalter tätig werden. Etwas anderes gilt, wenn der Verwalter durch entsprechende Regelungen im Verwaltervertrag, der
Gemeinschaftsordnung oder der Teilungserklärung bevollmächtigt
wurde. Wird der Verwalter ohne eine solche Ermächtigung selbstständig tätig, muss er der Gemeinschaft einen hieraus resultieren-
den Schaden ersetzen. **Beispiel:** Der Verwalter kündigt eigenmächtig eine bestehende Versicherung und schließt bei einem anderen
Versicherer eine neue Police ab, für welche die Gemeinschaft
höhere Prämien zu entrichten hat.

Der Verwalter ist beim Abschluss von Versicherungsverträgen nicht
berechtigt, Provisionen des Versicherers anzunehmen. Erhält er
Provisionen, ist er nach den gesetzlichen Regelungen verpflichtet,

Abschluss und Kündigung von Versicherungsverträgen können weitreichende Folgen haben und sollten daher sorgfältig vorbereitet werden.

Tipp

Gerade beim Abschluss von
Versicherungsverträgen ist
es hilfreich, wenn im Verwaltungsbeirat ein kompetenter
Miteigentümer vertreten ist,
der eine erste Sichtung der
verschiedenen Angebote vornehmen kann.

diese der Eigentümergemeinschaft zu übergeben. Nimmt er sie ohne Einverständnis bzw. Kenntnis der Gemeinschaft an, kann dies einen Grund für die fristlose Kündigung des Verwaltervertrags darstellen.

Meldepflichten

Kommt es zu einem Schadensfall, ist die Gemeinschaft verpflichtet, diesen unverzüglich dem Versicherer zu melden. Erfolgt keine oder eine verspätete Meldung, besteht das Risiko, den Versicherungsschutz zu verlieren. In vielen Verwalterverträgen wird deshalb vereinbart, dass es zu den Aufgaben des Verwalters gehört, die erforderlichen Erklärungen gegenüber den Versicherern abzugeben.

Vermietung
Grundsätzliche Aspekte

Wenn Sie eine Eigentumswohnung vermieten oder eine bereits vermietete Eigentumswohnung kaufen möchten, sollten Sie sich über die gesetzlichen Bedingungen genau informieren. Denn Sie nehmen eine Doppelrolle ein: Als Eigentümer haben Sie Rechte und Pflichten gegenüber der Gemeinschaft, als Vermieter gegenüber Ihrem Mieter. Dieses Kapitel hilft Ihnen, Ihrer Rolle gerecht zu werden, und behandelt unter anderem: Welche Nebenkosten können Sie auf den Mieter übertragen? Was tun sie, wenn Ihr Mieter die Wohnung gewerblich nutzt, die Gemeinschaft damit aber nicht einverstanden ist?

Konflikte zwischen Mietrecht und Wohnungseigentumsrecht

Bevor Sie eine Eigentumswohnung vermieten, sollten Sie den Mietvertrag einem Fachmann vorlegen.

Wenn Sie Eigentümer oder Erwerber einer vermieteten Eigentumswohnung sind, befinden Sie sich in einer anderen Situation als der Eigentümer einer selbst genutzten Wohnung. Als Vermieter müssen Sie nämlich nicht nur die Vorschriften des Wohnungseigentumsgesetzes, sondern auch die des Mietrechts beachten. Die beiden Rechtsgebiete sind nicht aufeinander abgestimmt, was Sie bei der Gestaltung des Mietvertrags beachten sollten. Wenn Sie eine vermietete Wohnung erwerben, geht der bestehende Mietvertrag unverändert auf Sie über. Sie haben also keine Möglichkeit, den Mietvertrag anzupassen, sondern müssen ihn so übernehmen, wie er von Ihrem Vorgänger abgeschlossen wurde. Umso wichtiger ist, dass Sie den Mietvertrag bereits im Vorfeld sorgfältig überprüfen (lassen). Wenn dem Mieter im Mietvertrag mehr Rechte eingeräumt werden, als dem Wohnungseigentümer im Verhältnis zur Gemeinschaft zustehen, sind Konflikte programmiert.

Beispiele

- In der Gemeinschaft regelt eine Vereinbarung, dass das Halten von Hunden nicht zulässig ist. Im Mietvertrag wird dem Mieter ausdrücklich erlaubt, einen Hund zu halten.
- Eine Wohnung, die nach der Teilungserklärung nur zu Wohnzwecken genutzt werden darf, wird einem Steuerberater als Büro vermietet.

Regelungen im Mietvertrag

Zulässige Nutzung

Wenn Sie einen Mietvertrag erstellen, sollten Sie darauf achten, dass er im Einklang mit den Vorschriften der Teilungserklärung, der Gemeinschaftsordnung, den Beschlüssen sowie der Hausordnung steht. Nicht wenige Vermieter überlassen dies einem erfahrenen Anwalt. Einige Punkte, auf die hierbei zu achten ist, werden im Folgenden erläutert.

Eine Übereinstimmung von Mietvertrag und wohnungsgeigentumsrechtlichen Regeln ist insbesondere im Hinblick auf den Nutzungszweck der vermieteten Wohnung bzw. des Teileigentums entscheidend: Möchte Ihr Mieter beispielsweise in der Wohnung eine Arztpraxis betreiben, müssen Sie prüfen, ob das überhaupt zulässig ist. Gerade wenn eine Wohnung zu gewerblichen Zwecken genutzt werden soll, führt dies häufig zu Auseinandersetzungen. Miteigentümer, die dies nicht dulden wollen, können dann Ansprüche sowohl gegen Sie als auch gegen den Mieter selbst geltend machen.

Wenn Sie im Mietvertrag einen Nutzungszweck vereinbaren, der nicht von der Teilungserklärung gedeckt ist, befinden Sie sich in einem Dilemma: Gegenüber der Gemeinschaft sind Sie verpflichtet, diese Nutzung zu unterlassen, während Sie sie Ihrem Mieter ausdrücklich zugestanden haben. Sie riskieren in diesem Fall Schadenersatzansprüche des Mieters. Immer wenn Sie sich in einer solchen Situation unsicher sind, sollten Sie sich über einen Beschluss der Gemeinschaft absichern.

> **Tipp**
>
> Vor allem dann, wenn Sie eine bereits vermietete Wohnung erwerben, ist es wichtig, den Mietvertrag genau zu prüfen: Da Sie als Erwerber und neuer Vermieter an den bestehenden Mietvertrag gebunden sind, bedürfen Anpassungen bzw. Änderungen immer der Zustimmung des Mieters.

Anpassungsklausel im Mietvertrag

Um einen möglichst weitgehenden „Gleichlauf" zwischen den Regelungen der Gemeinschaft (Teilungserklärung, Gemeinschaftsordnung, Beschlüsse der Wohnungseigentümer) und dem Mietvertrag zu erreichen, sollten diese ausdrücklich zum Bestandteil des Mietvertrags gemacht und als Anlage beigefügt werden. Auf diese Weise stellen Sie weitgehend sicher, dass Sie Ihrem Mieter keine Rechte einräumen, über die Sie als Mitglied der Gemeinschaft nicht verfügen dürfen.

Sinnvoll ist es, im Mietvertrag eine Regelung aufzunehmen, wonach bestimmte, dem Mieter zugestandene Rechte, nur unter Vorbehalt gelten, also zum Beispiel durch spätere Beschlüsse oder sonstige Änderungen innerhalb der Eigentümergemeinschaft aufgelöst werden können. Da Sie als Eigentümer auch an Beschlüsse gebunden sind, die gegen Ihr Votum gefasst wurden, sollten Sie sich diese Möglichkeit – soweit es rechtlich geht – offenhalten. Es werden hohe Anforderungen an die Wirksamkeit einer solchen individualvertraglichen Regelung gestellt, die Sie im Einzelfall mit einem Fachmann abklären sollten.

Hausordnung als Anlage zum Mietvertrag

Besonders häufig ergeben sich in der Praxis Auseinandersetzungen, weil die beschlossene Hausordnung für den Mieter nicht verbindlich ist. Vergessen Sie daher nicht, diese als Anlage zum Mietvertrag beizufügen und sie ausdrücklich zum Bestandteil des Mietvertrags zu erklären. Nur auf diese Weise stellen Sie sicher, dass Ihr Mieter auch an diese Regelungen gebunden ist. In jedem Fall sind Sie als Vermieter im Verhältnis zu den übrigen Miteigentümern dafür verantwortlich, dass Ihr Mieter sich an die Hausordnung hält.

Tipp

Vor allem dann, wenn Sie eine bereits vermietete Wohnung erwerben, ist es wichtig, den Mietvertrag genau zu prüfen: Da Sie als Erwerber und neuer Vermieter an den bestehenden Mietvertrag gebunden sind, bedürfen Anpassungen bzw. Änderungen immer der Zustimmung des Mieters.

Abrechnungsschlüssel im Mietvertrag

Der vorherige Abgleich des Verteilungsschlüssels im Mietvertrag mit dem Schlüssel in der Gemeinschaft kann viel unnötigen Aufwand ersparen.

Ein weiterer wichtiger Punkt des Mietvertrags betrifft den Abrechnungsschlüssel für die Nebenkosten. Hier sollten Sie darauf achten, dass der Verteilungsschlüssel im Vertrag möglichst mit jenem innerhalb der Eigentümergemeinschaft übereinstimmt. Sie können dann nämlich bei der Betriebskostenabrechnung mit Ihrem

Mieter die Daten aus der Jahresabrechnung des Verwalters direkt übernehmen. Andernfalls müssen Sie die Jahresabrechnung zeitaufwendig umrechnen. Das ist etwa dann der Fall, wenn innerhalb der Gemeinschaft die Betriebskosten nach Miteigentumsanteilen abgerechnet werden, der Mietvertrag jedoch eine Abrechnung auf Basis der Wohnfläche vorsieht. Probleme ergeben sich häufig aus den unterschiedlichen Grundsätzen, denen die Abrechnungen für die Eigentümergemeinschaft und für den Mieter folgen. **Beispiel** Hausmeisterkosten oder Gebühren: In der Eigentümergemeinschaft ist das Datum der Zahlung relevant, für den Mietvertrag gilt, wann die Leistung erbracht wurde. Es empfiehlt sich deshalb, diese Abrechnungssysteme so weit wie möglich zu synchronisieren, das heißt den Mietervertrag entsprechend anzupassen.

Ändert sich während der Laufzeit des Mietvertrags der Abrechnungsschlüssel, sollten Sie unverzüglich von einem Fachmann prüfen lassen, inwieweit auch der Mietvertrag daran angepasst werden kann. In jedem Fall müssen Sie Ihrem Mieter vor Beginn der jeweiligen Abrechnungsperiode mitteilen, dass sich der Verteilungsschlüssel geändert hat. Es genügt nicht, den Mieter nachträglich im Rahmen der Nebenkostenabrechnung in Kenntnis zu setzen.

Zuständigkeiten eines Hausmeisters

Wenn in der Wohnanlage ein Hausmeister bestellt ist, sollten Sie dessen Aufgaben und Befugnisse im Auge behalten und gegebenenfalls auch in den Mietvertrag aufnehmen. Ist beispielsweise der Hausmeister in einer größeren Anlage dafür zuständig, den Schlüssel zum Wäschetrockenraum herauszugeben, sollte dies auch im Mietvertrag festgehalten werden.

Die Zuständigkeiten eines Hausmeisters sollte auch der Mieter kennen.

Erforderliche Zustimmung des Verwalters

Ist in der Teilungserklärung oder der Gemeinschaftsordnung vorgesehen, dass der Verwalter bei der Vermietung einer Wohnung zustimmen muss, gilt: Der Verwalter kann seine Zustimmung nur aus einem wichtigen Grund verweigern, keinesfalls aber eigenmächtig die Vermietung untersagen. Ein triftiger Grund liegt beispielsweise dann vor, wenn die Wohnung zu gesetzwidrigen Zwecken genutzt werden soll.

Abrechnung der Betriebskosten

Bei vermieteten Eigentumswohnungen kommt es immer wieder zu Meinungsverschiedenheiten, welche Positionen aus der Jahresabrechnung des Verwalters auf den Mieter umgelegt werden dürfen. Ohne eine entsprechende Regelung im Mietvertrag ist der Mieter nicht verpflichtet, Betriebskosten zu tragen. In dem Fall sind Sie als Vermieter verpflichtet, diese zu begleichen.

Damit die Betriebskostenregelung im Mietvertrag wirksam ist, müssen Sie dort im Einzelnen bestimmen, welche Positionen umgelegt werden sollen. Das Gesetz lässt jedoch nur zu, dass ganz bestimmte Betriebskosten auf den Mieter übertragen werden können. Über diese Positionen hinaus kann er nicht mit Betriebskosten belastet werden.

Vorsicht ist geboten bei „sonstige Betriebskosten".

Bitte beachten Sie, dass unter „sonstige Betriebskosten" nicht sämtliche anderen Positionen fallen, die im Zusammenhang mit der Wohnung irgendwie aufgelaufen sind. Hierzu zählen lediglich solche Kosten, die aufgrund der spezifischen Ausstattung der Wohnanlage anfallen, beispielsweise Kosten für eine gemeinschaftliche Sauna oder ein Schwimmbad.

✓ **Checkliste: Diese Nebenkosten können Sie auf den Mieter übertragen**

☐ Kosten der Wasserversorgung

☐ Kosten der Entwässerung

☐ Heizkosten

☐ Warmwasserkosten

☐ Aufzugskosten

☐ Straßenreinigung und Müllabfuhr

☐ Hausreinigung und Ungezieferbekämpfung

☐ Kosten der Gartenpflege

☐ Kosten der Beleuchtung, zum Beispiel im Treppenhaus, in der Tiefgarage

☐ Kosten der Schornsteinreinigung

☐ Prämien für Sach- und Haftpflichtversicherung

☐ Kosten für den Hauswart

☐ Kosten des Betriebs einer gemeinschaftlichen Antennenanlage

☐ Kosten des Betriebs einer gemeinschaftlichen Waschmaschine

☐ Grundsteuer

☐ sonstige Betriebskosten

Zu denjenigen Kosten, die Sie nicht – auch nicht mit einer entsprechenden Vereinbarung im Mietvertrag – auf den Mieter umlegen können, zählen unter anderem folgende Positionen:

- Instandhaltungskosten,
- Instandsetzungskosten,
- Vergütung des Verwalters,
- Zahlungen in die Instandhaltungsrücklage,
- Prämien für eine Rechtsschutzversicherung,
- Zahlung einer Sonderumlage.

Wenn der Verwalter über seine eigentliche Verwaltertätigkeit hinaus noch für die Vermietung der Eigentumswohnung tätig wird, können diese Kosten auch nicht umgelegt werden. Verwalter bieten diesen Service häufig als Ergänzung zu ihrer Verwaltungstätigkeit an und überwachen dann die Mieteingänge, lesen die Heizkosten ab und erstellen die Betriebskostenabrechnung für den Mieter. Die Übernahme der Mietverwaltung ist jedoch nicht vom gesetzlich vorgesehenen Umfang der Verwaltertätigkeit erfasst und erfordert daher eine separate Vereinbarung zwischen dem vermietenden Wohnungseigentümer und dem Verwalter.

Wichtig

Soll die Verwaltertätigkeit auch die Abrechnung und Betreuung einer vermieteten Wohnung umfassen, muss dies separat vereinbart werden.

Oft gibt es Unstimmigkeiten, wann die Betriebskostenabrechnung vorgelegt werden muss.

Zu Diskussionen führt bei vermieteten Wohnungen häufig die Frage, wann der vermietende Eigentümer seinem Mieter die Betriebskostenabrechnung vorlegen kann. Anerkannt ist Folgendes: Der Vermieter muss zumindest abwarten, bis die Eigentümerversammlung über die Jahresabrechnung Beschluss gefasst hat. Die vom Verwalter im Vorfeld der Versammlung versandten Abrechnungsunterlagen sind lediglich Beschlussvorlagen und reichen für eine Betriebskostenabrechnung mit dem Mieter nicht aus. Vorsichtige Eigentümer/Vermieter warten, bis die Anfechtungsfrist abgelaufen ist, und übersenden die Mietnebenkostenabrechnung erst dann.

Was Sie über Mietgarantien wissen sollten

Häufig bieten Bauträger oder andere Verkäufer von Eigentumswohnungen bestimmte Garantien für die Vermietbarkeit der Wohnungen an. Ein solches Angebot zielt vor allem auf Käufer, die eine Eigentumswohnung als Geldanlage erwerben. Derartige Mietgarantien sollten Sie jedoch sorgfältig prüfen. Immer wieder zeigt sich später, dass die vermeintliche Zusicherung für den Erwerber wertlos war.

Zunächst müssen Sie feststellen, wer die Garantie gibt. Handelt es sich um den Bauträger selbst, haben Sie dessen Bonität zu prüfen. Denn sollte er später insolvent werden, können Sie keine Rechte aus der Garantie ableiten. Das gilt auch, wenn eine Tochtergesellschaft des Bauträgers als Garantiegeber firmiert. Am besten ist es, über eine Bankgarantie abgesichert zu sein.

Mietgarantien halten bei näherem Hinsehen oft nicht, was sie versprechen.

Aber auch dann sollten Sie genau prüfen, welche Verpflichtung die Garantie im Einzelnen abdeckt. Es reicht beispielsweise nicht aus, wenn lediglich die Kaltmiete erfasst wird. Denn auch wenn die Wohnung leer steht, fallen bestimmte Nebenkosten an. Diese müssten Sie dann gegebenenfalls selbst tragen. Bei der Laufzeit der Garantie ist vor allem zu beachten, wann sie beginnt. Für Sie als Anleger ist wichtig, dass für den Garantiebeginn ein fester Termin vereinbart wird, zum Beispiel der 1. Juli 2012. Wird der Beginn der Garantie dagegen lediglich daran gebunden, wann die Wohnung bezugsfertig ist, stehen Sie bei Bauverzögerungen unter Umständen ohne Garantieschutz da. Insbesondere im Hinblick auf eventuelle steuerliche Hintergründe kann es für Sie weitreichende Folgen haben, wenn der Zahlungsbeginn aus der Garantie verschoben wird.

Generell sollten Sie den Wert einer Mietgarantie nicht überschätzen. Wird die Garantie des Bauträgers durch ein Kreditinstitut gestellt, so muss dieser an die Bank dafür eine Vergütung, die sogenannte Avalprovision, zahlen – in aller Regel wird dieser Posten bereits im Kaufpreis mit einkalkuliert.

Der Erwerb einer vermieteten Eigentumswohnung

Wenn Sie eine vermietete Eigentumswohnung erwerben, dann geht grundsätzlich der bestehende Mietvertrag mit dem Eigentumswechsel auf Sie über. In dem Moment, in dem Sie als neuer Eigentümer im Grundbuch eingetragen werden, nehmen Sie die bisherige Stellung des Vermieters mit allen Rechten und Pflichten ein. An dem bestehenden Mietvertrag ändert sich durch den Eigentumsübergang nichts. Sie sollten jedoch Ihrem zukünftigen Mieter die Eintragung ins Grundbuch mitteilen und gegebenenfalls auch nachweisen, damit er von diesem Termin an die Miete an Sie überweist. Treffen Sie mit dem Verkäufer auch Regelungen bezüglich der Kaution. Ist eine

Wichtig

Das Gesetz sieht vor, dass ein bestehender Mietvertrag „automatisch" und unverändert auf den neuen Eigentümer übergeht. Diese Regelung ist nicht jedem bekannt und sorgt häufig für Überraschungen.

solche vom Mieter gezahlt worden, sollte sie sinnvollerweise vom bisherigen Eigentümer auf Sie übertragen werden. Auch hier bietet es sich an, den Mieter darüber zu informieren.

Kündigung oder Änderung des bestehenden Mietvertrags

Häufig möchten Erwerber einer vermieteten Wohnung den Mietvertrag kündigen. Das ist grundsätzlich erst nach Eintragung im Grundbuch möglich. Vorher ist eine Kündigung unwirksam. Im Übrigen sollten Sie sich vor Abschluss des Kaufvertrags juristisch beraten lassen, unter welchen Umständen Sie einen bestehenden Mietvertrag überhaupt kündigen können. Viele Käufer glauben irrtümlich, dass sie einen bestehenden Wohnungsmietvertrag unter Einhaltung der Kündigungsfrist ohne Weiteres beenden können.

Bevor Sie den Kaufvertrag unterzeichnen, sollten Sie unbedingt den Mietvertrag studieren, und zwar nicht nur im Hinblick auf die Kündigungsfrist, die mit zunehmender Laufzeit des Vertrags ebenfalls zunimmt. Wichtig ist auch, wie die bereits angesprochene Betriebskostenregelung im Mietvertrag gestaltet ist. Wurden dort keine Regelungen getroffen oder lediglich einzelne Positionen umgelegt, können Sie als neuer Eigentümer hieran nichts ändern. Ohne dass der Mieter zustimmt, kann der Mietvertrag nicht geändert werden. Sie müssen dann die Positionen bei den Betriebskosten tragen, die von Ihrem Vorgänger nicht im Mietvertrag berücksichtigt wurden. Entsprechend fehlt Ihnen selbstverständlich auch die Möglichkeit, gestiegene Nebenkosten an den Mieter weiterzugeben.

Beispiel: Im Mietvertrag findet sich keine Regelung, dass und wie die Heizkosten auf den Mieter umgelegt werden können. Folglich ist die vom Mieter entrichtete Miete eine sogenannte Warmmiete, in der die Heizkosten bereits enthalten sind. Anders ausgedrückt: Sie als Vermieter kommen für die Heizkosten des Mieters auf.

Tipp

Bevor Sie als neuer Eigentümer einen bestehenden Mietvertrag kündigen, sollten Sie unbedingt einen Anwalt zurate ziehen.

Vor Gericht
Vorgehensweise und Fristen

Die Hinweise in unserem Buch tragen dazu bei, es gar nicht erst zu rechtlichen Auseinandersetzungen kommen zu lassen. Manchmal ist der Gang vor Gericht allerdings trotz aller Bemühungen unvermeidlich. Auch wenn nicht immer ein Anwalt vorgeschrieben ist, ist ein rechtlicher Beistand meist angebracht. Denn die Sachverhalte erweisen sich häufig als sehr komplex. Deshalb kann dieses Kapitel auch nur einige der gängigen rechtlichen Streitigkeiten behandeln.

Das gerichtliche Verfahren in Wohnungseigentums-angelegenheiten

Sind Meinungsverschiedenheiten innerhalb der Gemeinschaft oder mit dem Verwalter nicht auf andere Weise zu lösen, müssen Sie rechtliche Schritte einleiten. Zuständig ist das Amtsgericht, in dessen Bezirk die Anlage gelegen ist. Die Verhandlung ist öffentlich, und das Gericht ist angehalten, auf eine gütliche Einigung der Parteien hinzuwirken. Wird ein gerichtliches Verfahren in einer Wohnungseigentumsangelegenheit eingeleitet, muss der Verwalter die Wohnungseigentümer hierüber unverzüglich unterrichten.

Beim Amtsgericht besteht kein Anwaltszwang, sodass entsprechende Klagen auch durch einen Wohnungseigentümer oder den Verwalter selbst eingereicht werden können.

Da schon die Formulierung des Antrags kompliziert ist, sollten Sie aber lieber einen Anwalt zurate ziehen. Erst recht gilt dies nach der Reform des Wohnungseigentumsrechts, die der unterlegenen Partei die volle Kostenlast für das Verfahren übertragen hat. Anders als in der Vergangenheit hat das Gericht außerdem nicht mehr die Pflicht, den Sachverhalt von sich aus zu ermitteln. Es ist nun allein

Sache (und Risiko) der Parteien, alle relevanten Tatsachen vorzu-
tragen und die erforderlichen Beweise zu erbringen.

Beim Landgericht als Berufungsinstanz besteht hingegen Anwalts-
pflicht, sodass es spätestens dort unerlässlich ist, einen Rechtsanwalt einzuschalten.

Gerichte entscheiden nicht nur über die Anfechtbarkeit von Beschlüssen, sondern auch über alle anderen Streitigkeiten, die in
Zusammenhang mit dem Wohnungseigentum entstehen können.

Anlässe für Streitigkeiten:

- Hausgeldansprüche, die die Gemeinschaft gegen den
  säumigen Miteigentümer (inklusive Schadenersatzansprüchen,
  zum Beispiel Zinsen und Anwaltskosten) geltend macht;
- Durchsetzung von Zahlungen aus einer beschlossenen
  Sonderumlage;
- Ansprüche auf Einhaltung der Hausordnung, zum Beispiel
  in puncto Tierhaltung;
- Beseitigung von unzulässigen baulichen Veränderungen,
  etwa die Entfernung eines widerrechtlich errichteten Carports;
- Unterlassung von Nutzungen, die im Widerspruch zur Gemeinschaftsordnung oder der Teilungserklärung stehen, zum
  Beispiel Nutzung einer Wohnung zu gewerblichen Zwecken;
- Ansprüche auf Änderung der Gemeinschaftsordnung,
  beispielsweise wenn nachträglich Wohnflächen geschaffen
  wurden, ohne dass der Kostenverteilungsschlüssel angepasst
  wurde;
- Ansprüche gegen den Verwalter, zum Beispiel Schadenersatz
  wegen verspäteter Schadensmeldung bei der Versicherung
  oder verspäteter Erstellung des Versammlungsprotokolls;
- Ansprüche des Verwalters auf Zahlung seiner Vergütung;
- Ansprüche der Gemeinschaft auf Einsichtnahme in die
  Verwalterunterlagen;
- Entscheidung über die Wirksamkeit einer Kündigung des
  Verwaltervertrags.

Die Anfechtung von Beschlüssen

Angefochtene Beschlüsse in Bezug auf wohnungseigentumsrechtliche Streitigkeiten sind die Fälle, die am häufigsten vor Gericht enden. Wie bereits erwähnt, wird eine Klage bei dem zuständigen Amtsgericht eingereicht. Ein Schreiben an den Verwalter, den Verwaltungsbeirat oder die Miteigentümer reicht nicht aus. Auch ein Miteigentümer, der an der Abstimmung nicht teilgenommen oder einem Beschluss vielleicht sogar zugestimmt hat, ist berechtigt, diesen anzufechten. Obgleich dies nicht vorgeschrieben ist, erfolgt die Anfechtung in aller Regel schriftlich bei Gericht.

Formulierung und Einreichung einer Klage sollten Sie einem Fachmann überlassen.

Die Klage muss so formuliert sein, dass ein bestimmter Beschluss für ungültig erklärt werden soll. Der Beschluss muss nach seinem Inhalt oder mit der Nummer der Tagesordnung bezeichnet werden, damit klar wird, welcher Beschluss angefochten werden soll. Die Anfechtungsfrist beträgt einen Monat und beginnt mit dem Tag der Beschlussfassung zu laufen. Die Klage muss spätestens am letzten Tag der Frist beim Gericht eingegangen sein. Ein **Beispiel** zur Bestimmung der Anfechtungsfrist: Die Eigentümerversammlung fasst einen Beschluss am 15. März 2012. Wenn ein Eigentümer diesen anfechten will, muss die Klage spätestens am 15. April 2012 beim zuständigen Amtsgericht vorliegen.

Wichtig

Die Frist läuft unabhängig davon, ob Sie als Eigentümer bereits ein Versammlungsprotokoll erhalten haben oder nicht. Wird das Protokoll vom Verwalter nicht rechtzeitig vorgelegt, sollten Sie ihn unter Hinweis auf den Fristablauf anmahnen. Wird es dann immer noch nicht vorgelegt, sollten Sie eine vorsorgliche Anfechtung aller Beschlüsse in Betracht ziehen.

Die Anfechtungsklage selbst muss nicht unbedingt die Begründung für die Klage enthalten. Die Begründung muss jedoch innerhalb von zwei Monaten nach Beschlussfassung dem Gericht vorgelegt werden. In der Praxis wird gern vergessen, dass die Anfechtungsklage keine aufschiebende Wirkung hat. Ein Beschluss wird als wirksam und verbindlich behandelt, auch nachdem eine Anfechtungsklage erhoben worden ist. Erst wenn ein Gericht – unter Umständen nach mehreren Instanzen – den Beschluss rechtskräftig für unwirksam erklärt, gilt er als wirkungslos. In diesem Moment wird er dann auch rückwirkend unwirksam. **Beispiel:** Ein Beschluss über die Kostenverteilung wurde angefochten. Dennoch wird zunächst – wie beschlossen – abgerechnet und jeder Miteigentümer ist verpflichtet, entsprechende Zahlungen zu leisten. Wird der Beschluss später für unwirksam erklärt, muss die Abrechnung für die zurückliegende Zeit korrigiert werden. Aus diesem Grund ist ein Eigentümer auch nicht berechtigt, Gelder zurückzuhalten, die aufgrund eines angefochtenen Beschlusses zu zahlen sind. Solange dieser nicht rechtskräftig für unwirksam erklärt wurde, haben ihn sämtliche Wohnungseigentümer zu befolgen.

Beispiele für Anfechtungsgründe

- Beschlussfassung mit Mehrheit, obwohl nach dem Gesetz oder der Teilungserklärung Einstimmigkeit vorgesehen ist. **Beispiel:** Die Wohnungseigentümer beschließen mehrheitlich, dass auf einer Grünfläche Kfz-Abstellplätze errichtet werden sollen.

- Beschlussfassung unter Verstoß gegen die Gemeinschaftsordnung. **Beispiel:** Die Eigentümergemeinschaft unterlässt die in der Gemeinschaftsordnung vorgesehene Art der Protokollierung eines Beschlusses.

- Beschlussfassung, nachdem Beschlussunfähigkeit eingetreten ist. **Beispiel:** Wegen der fortgeschrittenen Zeit verlassen einige Miteigentümer die Versammlung, ohne dem Verwalter oder anderen Miteigentümern Stimmrechtsvollmacht zu erteilen, sodass weniger als die Hälfte der Miteigentumsanteile anwesend sind. Danach wird ein Beschluss gefasst.

- Einberufung einer Versammlung zu einem ungewöhnlichen Zeitpunkt, sodass berufstätige Miteigentümer nicht teilnehmen können. **Beispiel:** Die Versammlung wird an einem Werktag um 10.00 Uhr einberufen.

- Ein Beschlussgegenstand wird in der Tagesordnung nicht oder nicht ausreichend bezeichnet. **Beispiel:** Ein Beschluss über die Vermietung gemeinschaftlicher Stellplätze an Dritte wird unter dem Tagesordnungspunkt „Verschiedenes" gefasst.

- Ein Beschluss genehmigt die Jahresabrechnung des Verwalters, obwohl diese vom vereinbarten Abrechnungsschlüssel abweicht. **Beispiel:** In der Teilungserklärung ist vorgesehen, dass der gemeinschaftliche Kaltwasserverbrauch nach Miteigentumsanteilen verteilt wird. Die Miteigentümer billigen eine Abrechnung des Verwalters, in welcher der Verbrauch nach der Wohnfläche abgerechnet wird.

- Beschlussfassung unter Verstoß gegen den Grundsatz der Nichtöffentlichkeit. **Beispiel:** Die Versammlung wird in einer Gaststätte einberufen. Da das Nebenzimmer nicht verfügbar ist, wird die Versammlung im allgemeinen Gastraum abgehalten, in dem sich außer der Eigentümergemeinschaft noch andere Gäste befinden.

Beispiel: Klage auf Anfechtung eines Beschlusses

```
Amtsgericht … (zuständiges Gericht)
Abteilung für Wohnungseigentumssachen
Straße, PLZ/Ort
Klage vom … (Datum) in der Wohnungseigentumssache
Kläger: (Name und Anschrift aller Anfechter)
Straße, PLZ/Ort


g e g e n


Beklagte(Name und Anschrift aller Anfechtungsgegner)-
Verwalter: Name des Verwalters
Straße, PLZ/Ort
wegen Ungültigkeit eines Beschlusses.


Unter Vorlage von sechs weiteren Abschriften dieser Klage und nach
Einzahlung eines Kostenvorschusses von … (Summe) Euro beantragen wir,

1. den Beschluss der Eigentümerversammlung vom … (Datum) zu
   Tagesordnungspunkt … (Nr.)für ungültig zu erklären,

2. den Beklagten die Verfahrenskosten aufzuerlegen.


(Ort, Datum, Unterschriften)
```

Beispiel: Begründung einer Anfechtung

```
Laut Protokoll der oben genannten Eigentümerversammlung wurde dort mit
einfacher Mehrheit der Beschluss gefasst, die Lasten und Kosten des
gemeinschaftlichen Eigentums in Abweichung der Teilungserklärung nunmehr
nach Köpfen und nicht wie in der Teilungserklärung vorgeschrieben nach
Miteigentumsanteilen vorzunehmen. Eine Kopie des Versammlungsprotokolls
sowie der Teilungserklärung ist beigelegt. Dieser Beschluss ist wegen
Verstoßes gegen die Teilungserklärung unwirksam und wird daher angefochten.
Wäre der Beschluss unter Einhaltung der Bestimmungen in der Teilungser-
klärung gefasst worden, wäre er - mangels ausreichender Stimmen - nicht
zustande gekommen. Da der Beschluss am 23. August 2012 getroffen wurde,
ist auch die Monatsfrist zur Anfechtung noch nicht abgelaufen.
```

Kollision von Vereinbarung und Beschluss

Im Zusammenhang mit der Anfechtung von Beschlüssen ist es wichtig, sich noch einmal den Unterschied zwischen einer Vereinbarung und einem Beschluss in Erinnerung zu rufen, der schon im Kapitel „Der Wohnungseigentümer" ab Seite 27 behandelt wurde:

Während Vereinbarungen im Grundbuch eingetragen werden müssen, ist dies bei Beschlüssen nicht möglich.

- Vereinbarungen regeln das Verhältnis der Wohnungseigentümer untereinander und können nur durch Mitwirkung aller Wohnungseigentümer zustande kommen. Um gegenüber späteren Erwerbern wirksam zu sein, müssen sie im Grundbuch eingetragen werden.
- Beschlüsse befassen sich gewöhnlich mit Details der Organisation und der Durchführung von Verwaltungsmaßnahmen. Hier genügt in der Regel die einfache Mehrheit. Sie können nicht ins Grundbuch eingetragen werden.

Als Daumenregel gilt folgendes: Wenn Vereinbarungen mit Beschlüssen im Widerspruch stehen, gehen grundsätzlich Vereinbarungen vor. Wenn jedoch eine Vereinbarung durch Mehrheitsbeschluss abgeändert wird, wird dieser Beschluss normalerweise verbindlich, sofern er nicht innerhalb der gesetzlichen Frist angefochten wird. Als Wohnungseigentümer, der negativ betroffen ist, dürfen Sie folglich nicht untätig bleiben und sollten von einem Fachmann prüfen lassen, ob eine Anfechtung sinnvoll ist.

Ein **Beispiel** soll diesen Zusammenhang verdeutlichen: Eine Gemeinschaftsordnung legt fest, dass die Eigentümer von Erdgeschosswohnungen nicht an den Kosten des gemeinschaftlichen Aufzugs zu beteiligen sind. Wird nun mehrheitlich beschlossen, dass diese Eigentümer doch einbezogen werden sollen, ist dieser Beschluss anfechtbar. Versäumt ein betroffener Eigentümer, einen solchen Mehrheitsbeschluss anzufechten, erlangt dieser Bestandskraft und wird dadurch verbindlich. Aus diesem Grund sind Sie als Wohnungseigentümer gut beraten, bei belastenden Beschlüssen sorgfältig zu prüfen, ob sie gegen entsprechende Vereinbarungen verstoßen.

Nichtige Beschlüsse

Eine Ausnahme stellen nichtige Beschlüsse dar: Verstößt ein Beschluss gegen zwingende Rechtsvorschriften, ist er von vornherein unwirksam (nichtig) und muss nicht extra angefochten werden.

Beispiele:
- Es wird ein Beschluss gefasst, wonach die Bestellung eines Verwalters ausgeschlossen sein soll.
- Es wird eine bauliche Erweiterung der Anlage beschlossen, die im Widerspruch zu den baurechtlichen Vorschriften steht.

In der Praxis ist häufig unklar, ob ein bestimmter Beschluss lediglich anfechtbar oder von vornherein nichtig ist. In derartigen Fällen sollten Sie über eine vorsorgliche Anfechtung nachdenken oder eine sogenannte Feststellungsklage beantragen, damit das Gericht die Nichtigkeit prüft. Ob dies sinnvoll oder erforderlich ist und welche Kosten im Einzelfall damit verbunden sind, sollte mit einem in Wohnungseigentumsangelegenheiten erfahrenen Anwalt geklärt werden.

Glossar
Das Wichtigste
auf einen Blick

Wie Sie jetzt wissen, gibt es beim Besitz einer Eigentumswohnung einiges zu beachten, egal ob Sie sie selbst nutzen oder sie vermieten. In Vereinbarungen und Verträgen, erst recht bei Auseinandersetzungen, kommt es sehr auf Feinheiten in der Begrifflichkeit an. Deshalb haben wir hier noch einmal alle wichtigen Begriffe in alphabetischer Reihenfolge aufgelistet und die entscheidenden Sachverhalte kurz erläutert.

Abgeschlossenheitsbescheinigung

Nach dem Wohnungseigentumsgesetz kann ···› Sondereigentum an einer Wohnung nur dann eingeräumt werden, wenn diese in sich abgeschlossen ist. Das setzt voraus, dass die Wohnung baulich von den anderen Wohnungen – durch Wände und Decken – getrennt ist und einen eigenen abschließbaren Zugang von außen oder vom Treppenhaus besitzt. Die Abgeschlossenheitsbescheinigung ist dem Grundbuchamt vom Bauherrn vorzulegen, sie wird von der Bauaufsichtsbehörde erteilt oder – je nach Landesrecht – auch von einem Sachverständigen.

Anfechtbarer Beschluss, Anfechtung, Anfechtungsfrist

Jeder Miteigentümer hat das Recht, einen Beschluss anzufechten.

Nicht alle ···› Beschlüsse, die von der Eigentümergemeinschaft getroffen werden, stehen im Einklang mit dem Gesetz, der Teilungserklärung oder der ···› Gemeinschaftsordnung. Ist ein Beschluss formell nicht wirksam zustande gekommen oder weist er inhaltliche Mängel auf, kann er von jedem Wohnungseigentümer angefochten werden. Auch ein Beschluss, der gegen den Grundsatz der ordnungsgemäßen Verwaltung verstößt, ist anfechtbar.
In der Praxis wird häufig die Anfechtungsfrist übersehen. Danach muss die Anfechtungsklage spätestens bis zum Ablauf eines Monats nach dem Tag der Beschlussfassung beim zuständigen Amtsgericht eingegangen sein. Wird diese Frist versäumt, bleibt der – fehlerhafte – Beschluss wirksam und ist somit für alle Wohnungseigentümer verbindlich.
Ausnahme: Handelt es sich um einen besonders schwerwiegenden Verstoß gegen Rechtsvorschriften, auf deren Einhaltung nicht wirksam verzichtet werden kann, liegt ein ···› nichtiger Beschluss vor. Dieser ist von Anfang an unwirksam und muss – im Unterschied zu einem anfechtbaren Beschluss – nicht durch eine gerichtliche Entscheidung aufgehoben werden.

Auflassung

Von der Auflassung ist meist im Zusammenhang mit der Veräußerung von Wohnungseigentum die Rede. Hier sind zwei verschiedene Rechtsgeschäfte zu unterscheiden:

- der Kaufvertrag über die Eigentumswohnung, welcher der
  notariellen Beurkundung bedarf,
- die in Erfüllung des Kaufvertrags stattfindende Übertragung
  des Eigentums. Hierzu muss zum einen der neue Eigentümer im
  Grundbuch eingetragen werden, zum anderen ist die Einigung
  des Verkäufers und des Käufers notwendig. Diese Einigung
  wird als Auflassung bezeichnet. In der Praxis wird die Auflassung gleichzeitig mit dem Kaufvertrag beurkundet, um Kosten
  zu sparen.

Bei der Auflassung sind zwei Aspekte zu unterscheiden.

Auflassungsvormerkung

⤑ Vormerkung

Aufteilungsplan

Zusammen mit der ⤑ Teilungserklärung wird durch den Aufteilungsplan der Umfang des jeweiligen Wohnungseigentumsrechts
beschrieben. Immer wenn es um die Frage geht, welchem Miteigentümer bestimmte Räume oder Flächen gehören, ergibt sich
die Antwort aus dem Aufteilungsplan. Er wird den Grundakten des
Wohnungsgrundbuchs (⤑ Grundbuch) beigefügt. Inhaltlich stellt
der Aufteilungsplan eine Bauzeichnung dar, die von der zuständigen Baugenehmigungsbehörde mit Unterschrift und Stempel versehen wurde. Aus dem Aufteilungsplan ergibt sich neben der Lage
und Größe des Wohnungseigentums auch die Abgrenzung zum gemeinschaftlichen Eigentum. Im Aufteilungsplan wird jede Wohnung
mit einer Nummer versehen. Sämtliche Räume der Wohnung sowie
die dazugehörigen Keller- und Vorratsräume werden ebenfalls mit
dieser Wohnungsnummer im Plan gekennzeichnet.

Bauliche Veränderung

Bauliche Veränderungen sind solche Maßnahmen, die über die
ordnungsgemäße ⤑ Instandhaltung und ⤑ Instandsetzung des
gemeinschaftlichen Eigentums hinausgehen. Während für Instandhaltungsmaßnahmen ein Mehrheitsbeschluss der Wohnungseigentümer ausreicht, bedürfen bauliche Veränderungen grundsätzlich

der Zustimmung der Miteigentümer, die durch die Maßnahme nicht nur unerheblich beeinträchtigt sind.

Beschluss

Angelegenheiten der Wohnungseigentümer untereinander werden normalerweise durch Beschlussfassung geregelt. Beschlüsse werden in den allermeisten Fällen in der ⇢ Wohnungseigentümerversammlung gefasst. Möglich sind aber auch ⇢ schriftliche Beschlüsse. Um spätere Auseinandersetzungen über den genauen Umfang eines Beschlusses zu vermeiden, ist darauf zu achten, dass er klar und eindeutig formuliert wird.

Beschlussfähigkeit

Die Beschlussfähigkeit muss bei Eröffnung der Versammlung festgestellt werden.

Eine ⇢ Wohnungseigentümerversammlung ist nur dann beschlussfähig, wenn die erschienenen bzw. ordnungsgemäß vertretenen Wohnungseigentümer mehr als die Hälfte der ⇢ Miteigentumsanteile vertreten. Diese wird nach der im ⇢ Grundbuch eingetragenen Größe der Anteile berechnet (§ 25 Absatz 3 Wohnungseigentumsgesetz). Möglich ist aber, dass die Eigentümergemeinschaft in der ⇢ Gemeinschaftsordnung eine abweichende Regelung trifft. So kann beispielsweise vorgesehen werden, dass zur Beschlussfähigkeit die Inhaber von drei Vierteln der Miteigentumsanteile anwesend sein müssen. Ob eine Versammlung beschlussfähig ist oder nicht, muss der Vorsitzende bei Eröffnung der Versammlung prüfen und im ⇢ Protokoll festhalten. Stellt sich heraus, dass eine Versammlung nicht beschlussfähig ist, muss der ⇢ Verwalter eine neue Versammlung – mit denselben Tagesordnungspunkten – einberufen. Bei dieser zweiten Versammlung kommt es dann nicht mehr auf die Beschlussfähigkeit an. Allerdings hat der Verwalter auf diesen Umstand bei der Einberufung ausdrücklich hinzuweisen.

Werden trotz Beschlussunfähigkeit Beschlüsse gefasst, so sind diese ⇢ anfechtbar. Werden sie nicht innerhalb der gesetzlichen Frist angefochten, erlangen sie normalerweise für sämtliche Wohnungseigentümer Verbindlichkeit (Bestandskraft).

Beschlusssammlung

Der Verwalter ist verpflichtet, für alle nach dem 1. Juli 2007 verkündeten Versammlungsbeschlüsse eine sogenannte Beschlusssammlung zu führen. Aus dieser ergeben sich Ort, Inhalt und Datum der jeweiligen Beschlussfassung. Sie dient insbesondere neu hinzugekommenen oder potenziellen Miteigentümern zur Orientierung. Auch Beschlüsse, die im schriftlichen Umlaufverfahren gefasst wurden, sind aufzunehmen. Einsichtsrecht in die Beschlusssammlung hat neben dem einzelnen Wohnungseigentümer auch ein von ihm bevollmächtigter Dritter. Dies kann insbesondere ein Erwerbsinteressent sein, der sich über die in der Gemeinschaft gültigen Beschlüsse informieren möchte. Gerichtsentscheidungen, die aus Streitigkeiten innerhalb der Gemeinschaft resultieren, müssen ebenfalls in die Beschlusssammlung aufgenommen werden.

Dachausbau

Wenn Speicherräume zu Wohnzwecken ausgebaut werden sollen, stellt das eine ⤑ bauliche Veränderung dar. Dieser müssen diejenigen Wohnungseigentümer zustimmen, die durch den Ausbau nicht nur unerheblich beeinträchtigt werden. Aber auch den übrigen Eigentümern ist eine derartige Maßnahme nicht ohne Weiteres zuzumuten, weil in der Wohnanlage dadurch Platz für mehr Bewohner geschaffen wird. Hinzu kommen Nachteile für die darunter liegenden Wohnungen durch zusätzliche Lärmbelästigung. Auch dem Einbau von Dachgauben bzw. Dachflächenfenstern müssen die betroffenen Wohnungseigentümer zustimmen, da die architektonische Gestaltung verändert wird. Bei derartigen Arbeiten ist außerdem zu berücksichtigen, dass sich die Gefahr von Feuchtigkeitsschäden erhöht.

Wenn Ausbauarbeiten im Dach ohne Zustimmung der übrigen Miteigentümer vorgenommen werden und darüber Streit entstanden ist, muss der jeweilige Wohnungseigentümer sie wieder beseitigen. Das gilt auch für Wasser- und Heizungsanschlüsse. Unerheblich ist dabei, ob der Ausbau von der zuständigen Baubehörde genehmigt wurde. Die baurechtliche Zulässigkeit eines Dachausbaus hat mit dem Rechtsverhältnis der Wohnungseigentümer untereinander nichts zu tun.

Der Dachausbau erfordert in der Regel die Zustimmung der übrigen Miteigentümer.

Eigentümerversammlung

⤑ Wohnungseigentümerversammlung

Kein juristischer Begriff:
die Eigentumswohnung

Eigentumswohnung

Als Eigentumswohnung wird umgangssprachlich eine Wohnung bezeichnet, die man nicht gemietet, sondern gekauft hat, an der also das ⟶ Wohnungseigentum im Sinne des WEG begründet wurde. Zu trennen vom Wohnungseigentum ist das ⟶ Teileigentum, das sich jedoch lediglich im Hinblick auf den Nutzungszweck unterscheidet. Teileigentum bezieht sich immer auf Räume, die nicht zu Wohnzwecken dienen, zum Beispiel Büro, Arztpraxis, Werkstatt oder ⟶ Ladengeschäft.

Entlastung des Verwalters

Wenn die Wohnungseigentümer den Verwalter entlasten, billigen sie für den jeweiligen Zeitraum seine Tätigkeit und verzichten darauf, Ansprüche gegen ihn geltend zu machen, soweit es sich um Umstände handelt, die den Wohnungseigentümern bekannt sind. Die Entlastung kann in der ⟶ Wohnungseigentümerversammlung ausdrücklich beschlossen werden. Unterbleibt dies, so stellt die Genehmigung der Abrechnung des Verwalters durch die Gemeinschaft normalerweise zugleich eine Entlastung dar. Soweit Entlastung erteilt wurde, ist der Verwalter nicht mehr verpflichtet, Auskünfte über die betroffenen Vorgänge bzw. Zeiträume zu geben. Bedeutsam ist die Entlastung auch, wenn der Verwaltervertrag beendet wird, denn sie befreit den ausscheidenden Verwalter von jeglicher weiterer Tätigkeit für die Gemeinschaft.

Gebrauch des gemeinschaftlichen Eigentums

Nach dem Wohnungseigentumsgesetz ist jeder Wohnungseigentümer dazu berechtigt, das ⟶ gemeinschaftliche Eigentum zu benutzen. Allerdings muss das so geschehen, dass keinem anderen Miteigentümer ein unvermeidlicher Nachteil erwächst. So dürfen beispielsweise gemeinschaftliche Tischtennisplatten im Garten mit Rücksicht auf die im Erdgeschoss wohnenden Miteigentümer nur zu bestimmten Zeiten benutzt werden. Einzelheiten der Gebrauchsregelung können durch ⟶ Vereinbarung oder ⟶ Beschluss geregelt werden.

Gebrauch des Sondereigentums

Soweit es nicht gegen Rechte Dritter oder gesetzliche Bestimmungen verstößt, kann jeder Wohnungseigentümer mit seinem

⤏ Sondereigentum nach Belieben verfahren. Er kann seine ⤏ Eigentumswohnung selbst bewohnen, vermieten, verpachten oder in sonstiger Weise nutzen. Begrenzungen dieses Rechts ergeben sich unter anderem aus dem Nachbarrecht und aus Belastungen, die im ⤏ Grundbuch eingetragen werden können. Dazu gehören insbesondere Dienstbarkeiten, zum Beispiel das Verbot, die Wohnung zu gewerblichen Zwecken zu nutzen. Grenzen findet das Gebrauchsrecht des Sondereigentümers auch dort, wo die berechtigten Interessen der Miteigentümer beeinträchtigt werden. Darunter fällt beispielsweise das Verbot des Musizierens während der Nachtstunden. Unzulässig ist es auch, eine Eigentumswohnung zur Ausübung der Prostitution zu nutzen.

Das Gebrauchsrecht des Sondereigentümers wird durch die Interessen der Miteigentümer eingeschränkt.

Gemeinschaftseigentum, gemeinschaftliches Eigentum

Nach der Bestimmung des Wohnungseigentumsgesetzes gehören sämtliche Grundstücks- und Gebäudeteile, die nicht im ⤏ Sondereigentum stehen, zum gemeinschaftlichen Eigentum. Juristisch gesehen besteht demnach eine Vermutung für die Zugehörigkeit zum gemeinschaftlichen Eigentum. In der Praxis kommt es daher auf die Bestimmungen der ⤏ Teilungserklärung an. Dieser kann entnommen werden, welche Räume und Gebäudeteile im Sondereigentum stehen. Allerdings sieht das Gesetz vor, dass Gebäudeteile, die für den Bestand oder die Sicherheit des Gebäudes notwendig sind, zwingend im gemeinschaftlichen Eigentum stehen. Dazu gehören beispielsweise: konstruktive Teile von Decken und Böden einschließlich Estrich, Außenputz, Fundament und Außenwände sowie tragende Innenwände.

Gemeinschaftsordnung

Obwohl gesetzlich nicht vorgeschrieben, wird in der Praxis häufig eine Gemeinschaftsordnung aufgestellt, in der die Wohnungseigentümer ihr Verhältnis untereinander regeln. Auf diese Weise können die gesetzlichen Regelungen den besonderen Bedürfnissen der jeweiligen Wohnanlage angepasst werden. Da das Wohnungseigentumsgesetz zulässt, die Gemeinschaftsordnung im ⤏ Grundbuch einzutragen, können derartige Vereinbarungen auch für spätere Käufer verbindlich gemacht werden. Vor diesem Hintergrund lässt sich die Gemeinschaftsordnung mit der Satzung eines Vereins vergleichen. Wird die Gemeinschaftsordnung nicht

Eine Gemeinschaftsordnung ist nicht zwingend vorgeschrieben, erleichtert normalerweise aber das Zusammenleben.

im Grundbuch eingetragen, bindet sie vertraglich (schuldrechtlich) nur die beteiligten Miteigentümer, aber nicht einen späteren Erwerber einer Wohnung. Dieser müsste beim Erwerb den Regelungen der Gemeinschaftsordnung ausdrücklich zustimmen, damit sich diese auch auf ihn bezieht.

Grundbuch

Für ⟶ Wohnungs- und ⟶ Teileigentum wird ein gesondertes Wohnungsgrundbuch bzw. Teileigentumsgrundbuch bei den Grundbuchämtern geführt. Für jede Einheit wird dabei ein eigenes Grundbuchblatt angelegt. Auf diesem ist neben dem ⟶ Miteigentumsanteil auch das ⟶ Sondereigentum eingetragen. Eine Belastung, die sich auf das gesamte Grundstück – und somit auf alle Wohnungen – bezieht, muss in sämtlichen Wohnungsgrundbüchern eingetragen werden. Dies gilt beispielsweise für ein Wegerecht, das zugunsten eines Nachbarn eingeräumt wird.

Aufbau und Funktion des Wohnungs- bzw. Teileigentumsgrundbuchs entsprechen im Wesentlichen dem herkömmlichen Grundbuch. Es besteht aus dem Deckblatt – genannt Aufschrift –, dem Bestandsverzeichnis sowie den Abteilungen I bis III. Dabei wird in Abteilung I der jeweilige Eigentümer eingetragen. Hypotheken, Grund- und Rentenschulden werden in Abteilung III vermerkt. Alle übrigen Lasten und Beschränkungen sind in Abteilung II zu finden.

Grunderwerbsteuer

Auch auf den Kauf von Wohnungseigentum wird Grunderwerbsteuer erhoben.

Nicht nur der Erwerb von Grundstücken, sondern auch der Kauf von ⟶ Wohnungseigentum unterliegt der Grunderwerbsteuer. Ausgelöst wird die Steuerpflicht durch den Abschluss des ⟶ Kaufvertrags. Das gilt auch dann, wenn sich der Kaufvertrag auf ein Wohnungseigentum bezieht, das erst noch – durch Teilung – begründet werden muss. Die Höhe der Grunderwerbsteuer beträgt 3,5 Prozent des Kaufpreises. Die Steuer wird einen Monat nach Bekanntgabe des Steuerbescheids fällig. Das Finanzamt kann – auf Antrag – auch eine längere Zahlungsfrist festsetzen. Der neue Wohnungseigentümer wird erst dann im ⟶ Grundbuch eingetragen, wenn die Entrichtung der Grunderwerbsteuer nachgewiesen wird. Dies erfolgt durch Vorlage einer entsprechenden Bescheinigung des Finanzamts, der sogenannten Unbedenklichkeitsbescheinigung.

Hausgeld

Jeder Wohnungseigentümer ist den anderen Wohnungseigentümern gegenüber verpflichtet, die ⟶ Lasten des ⟶ gemeinschaftlichen Eigentums sowie die Kosten der ⟶ Instandhaltung nach
dem Verhältnis seines Anteils zu tragen. Daraus ergibt sich für Sie
die Pflicht, die im ⟶ Wirtschaftsplan beschlossenen monatlichen
oder vierteljährlichen Vorschüsse an den ⟶ Verwalter zu leisten.
Nach Ablauf des Kalenderjahrs rechnet der Verwalter über diese
Vorschüsse ab und ermittelt für jeden Wohnungseigentümer den
Saldo. Ohne diese laufenden Hausgeldzahlungen wäre der Verwalter nicht in der Lage, seinen Aufgaben nachzukommen. Deshalb ist er dafür zuständig, rückständige Hausgeldforderungen
einzuziehen. Um solche Ansprüche gerichtlich geltend zu machen,
benötigt er jedoch eine ausdrückliche Vollmacht der Eigentümergemeinschaft. Diese kann ihm durch ⟶ Beschluss, im Verwaltervertrag oder in der ⟶ Gemeinschaftsordnung erteilt werden.

**Die laufenden Hausgeldzah-
lungen sind für die Arbeit
des Verwalters unerlässlich.**

Hausordnung

Von der ⟶ Gemeinschaftsordnung zu unterscheiden ist die Hausordnung, die von den Wohnungseigentümern auch durch mehrheitlichen ⟶ Beschluss aufgestellt werden kann. Die Hausordnung
soll das reibungslose Zusammenleben der Mitbewohner sowie
den Schutz des Gebäudes sicherstellen. Üblicherweise sind hier
die – im Vergleich zur Gemeinschaftsordnung – weniger wichtigen Punkte geregelt, sie müssen bei Bedarf leicht zu ändern sein.
Darin liegt der wesentliche Unterschied zur Gemeinschaftsordnung, die nur einstimmig geändert werden kann. Die Hausordnung
entspricht meist in den wesentlichen Punkten derjenigen eines
Mietshauses. Dazu gehört beispielsweise die Benutzung gemeinschaftlicher Einrichtungen – Aufzug, Garten, Kinderspielplatz –
oder das Grillen auf Balkon und Terrasse.

Instandhaltung, Instandhaltungsrücklage

Indem regelmäßig Instandhaltungsrücklagen gezahlt werden,
sammelt die Eigentümergemeinschaft Gelder an, die für künftige
Instandhaltungs- und ⟶ Instandsetzungsarbeiten benötigt werden.
Auch für unerwartete größere Reparaturen stehen diese Mittel zur
Verfügung. Damit soll vermieden werden, dass derartige Investitio-
nen den einzelnen Wohnungseigentümer in finanzielle Bedrängnis

bringen. Wie viel im Einzelfall gezahlt werden muss, ergibt sich aus dem ⇢ Wirtschaftsplan, in dem auch die Höhe der Instandhaltungsrücklage festgelegt wird. Erfahrungsgemäß sind höhere Zahlungen erforderlich, wenn die Gebäude älter und anfälliger werden. Über die Anlage der in der Instandhaltungsrücklage angesammelten Gelder entscheiden die Wohnungseigentümer durch mehrheitlichen ⇢ Beschluss. Die Instandhaltungsrücklage muss der ⇢ Verwalter von seinem Vermögen und dem Vermögen anderer Eigentümergemeinschaften getrennt halten.

Instandsetzung

Instandsetzung umfasst sowohl die bauliche Wiederherstellung als auch Anpassung an geänderte Vorschriften.

Unter Instandsetzung ist die Wiederherstellung eines einmal vorhandenen ordnungsgemäßen Zustands zu verstehen. Dazu gehört es, Schäden am gemeinschaftlichen Eigentum zu beseitigen, die durch unzureichende ⇢ Instandhaltung oder durch außergewöhnliche Umstände, etwa durch Unwetter, herbeigeführt wurden. Aber auch die Anpassung an geänderte baurechtliche Vorschriften fällt unter den Begriff der Instandsetzung, zum Beispiel der Einbau von Sicherheitstüren in einen Personenaufzug.

Jahresabrechnung

Der ⇢ Verwalter ist verpflichtet, nach Ablauf eines Kalenderjahrs eine Abrechnung über die Einnahmen und Ausgaben der Gemeinschaft vorzulegen. Eine besondere Aufforderung durch die Gemeinschaft ist nicht notwendig. Auf diese Weise wird die Finanzierung der Gemeinschaft sichergestellt und überprüfbar gemacht. Soweit der Verwaltervertrag hierzu keine abweichende Regelung enthält, ist die Abrechnung innerhalb von sechs Monaten nach Ablauf des Wirtschaftsjahrs zu erstellen.

Kaufvertrag

Die Rechtsprechung stuft den Erwerb einer gebrauchten Eigentumswohnung als Kaufvertrag ein. Anders verhält es sich beim Kauf einer Neubauwohnung; ist diese von einem Bauträger erworben, liegt ein sogenannter Werklieferungsvertrag vor. Folge: Die Gewährleistungsansprüche des Erwerbers richten sich nach dem Werkvertragsrecht des BGB. Sowohl der Vertrag über den Erwerb einer gebrauchten als auch einer neu errichteten Wohnung muss einschließlich aller Nebenvereinbarungen notariell beurkundet werden. Die Beurkundungspflicht umfasst auch die Anlagen zum Erwerbsvertrag, zum Beispiel Baupläne und Baubeschreibung. Mit Abschluss des Kaufvertrags findet jedoch noch nicht der Eigentumsübergang statt. Hierzu bedarf es vielmehr der ⤑ Auflassung und der Eintragung des neuen Eigentümers im ⤑ Grundbuch.

Kosten

⤑ Lasten und Kosten

Laden, Ladengeschäft

Während ⤑ Wohnungseigentum nur zu Wohnzwecken genutzt werden darf, ergibt sich die zulässige Nutzung bei ⤑ Teileigentum aus der vereinbarten Zweckbestimmung. Ausschlaggebend sind damit die Regelungen in der ⤑ Teilungserklärung, in der ⤑ Gemeinschaftsordnung sowie im ⤑ Aufteilungsplan. Soweit dort ausdrücklich als Bestimmungszweck „Laden" angegeben ist, sind damit typische Ladengeschäfte des Einzelhandels und des Waren verkaufenden Handwerks erfasst. Nach der Rechtsprechung sind hingegen Nutzungen unzulässig, die über diese Zweckbestimmung hinausgehen, beispielsweise Billardcafé, Spielothek, Stehimbiss, chemische Reinigung oder Waschsalon mit Getränkeausschank.

Lasten und Kosten

Nach dem Wohnungseigentumsgesetz sind die Wohnungseigentümer verpflichtet, die bei der Verwaltung der Wohnanlage anfallenden Kosten anteilig gemäß dem Verhältnis ihrer ⤑ Miteigentumsanteile zu tragen. Darunter fallen alle Kosten der ⤑ Instandhaltung und ⤑ Instandsetzung, der Verwaltung, Bewirtschaftung und Unterhaltung des ⤑ gemeinschaftlichen Eigentums. Es ist unwichtig, ob die Aufwendungen für den einzelnen Miteigentümer persönlichen Nutzen bringen oder nicht. Er ist in jedem Fall verpflichtet, seine Beiträge zu leisten. **Beispiel:** Kosten, die im Zusammenhang mit dem Betrieb eines Aufzugs entstehen, haben grundsätzlich auch Eigentümer einer Erdgeschosswohnung anteilig mit zu tragen.

Im Aufteilungsplan muss der Bestimmungszweck „Laden" ausdrücklich angegeben sein.

Miteigentumsanteil

Dieser Begriff bezeichnet den Anteil, mit dem jeder Wohnungs-
oder Teileigentümer am ⇢ gemeinschaftlichen Eigentum beteiligt
ist. Der Miteigentumsanteil ist fest verbunden mit dem ⇢ Sondereigentum an einer Wohnung, beides sind untrennbare Bestandteile des Wohnungseigentumsrechts. Nach der Höhe des Miteigentumsanteils richtet sich auch die anteilige Beitragspflicht des
Eigentümers hinsichtlich der ⇢ Lasten und Kosten des gemeinschaftlichen Eigentums. Laut Wohnungseigentumsgesetz gestaltet
sich auch das ⇢ Stimmrecht nach der Höhe des Miteigentumsanteils. In der Praxis wird jedoch häufig eine andere Regelung in der
⇢ Teilungserklärung getroffen, zum **Beispiel**: Jedes ⇢ Sonder- oder
⇢ Teileigentum gewährt eine Stimme.

**Nach Höhe des Miteigen-
tumsanteils erfolgen Rechte
und Pflichten des Miteigentümers.**

Nichtigkeit eines Beschlusses

Ist ein ⇢ Beschluss der Eigentümergemeinschaft nicht wirksam
zustande gekommen, so muss zwischen einem ⇢ anfechtbaren
und einem nichtigen Beschluss unterschieden werden. Nur Beschlüsse, die gegen zwingende Rechtsnormen verstoßen, sind
nichtig. Sie müssen im Gegensatz zu anfechtbaren Beschlüssen
nicht durch ein Gericht für ungültig erklärt werden. Nichtige Beschlüsse sind vielmehr ohne Weiteres unwirksam und entfalten
von Anfang an keine Wirkung innerhalb der Eigentümergemeinschaft. Nichtig ist beispielsweise ein Beschluss, der die Amtszeit
eines ⇢ Verwalters über die gesetzliche Höchstgrenze von
fünf Jahren hinaus festsetzt.

Protokoll

Über den Verlauf einer ⇢ Wohnungseigentümerversammlung
muss der Vorsitzende ein Protokoll – auch Niederschrift genannt –
anfertigen. Dort müssen zumindest die während der Versammlung
getroffenen ⇢ Beschlüsse festgehalten sein. Häufig wird darüber
hinaus auch der Ablauf der Versammlung dokumentiert. Aus
diesen Angaben können sich Anhaltspunkte ergeben, die für
das Verständnis der Beschlüsse hilfreich sind. Das Protokoll
muss vom Versammlungsvorsitzenden und einem Miteigentümer
oder dem Vorsitzenden des ⇢ Verwaltungsbeirats bzw. dessen
Vertreter unterzeichnet werden. Mit ihren Unterschriften übernehmen sie die Verantwortung für die Richtigkeit des Protokolls.

Der ⤳ Verwalter ist verpflichtet, das Protokoll den Wohnungseigentümern so rechtzeitig zukommen zu lassen, dass diese die Inhalte ohne Zeitdruck prüfen und gegebenenfalls eine fristgerechte ⤳ Anfechtung vornehmen können. Die Rechtsprechung verlangt, dass das Protokoll bis spätestens eine Woche vor Ablauf der einmonatigen Beschlussanfechtungsfrist vorliegt.

Sind im Protokoll einzelne Beschlüsse inhaltlich nicht richtig wiedergegeben worden, kann jeder Eigentümer die Berichtigung fordern. Weigert sich der Verwalter, eine solche Korrektur vorzunehmen, kann dieser Anspruch durch einen Miteigentümer auch gerichtlich geltend gemacht werden. Auch für die Berichtigung eines Protokolls gilt die Monatsfrist, die für die Anfechtung von Beschlüssen vorgesehen ist.

Ist das Protokoll nicht korrekt, kann es angefochten werden.

Schriftlicher Beschluss

⤳ Beschlüsse der Eigentümergemeinschaft müssen nicht notwendig in einer Versammlung gefasst werden. Das Wohnungseigentumsgesetz räumt auch die Möglichkeit ein, einen Beschluss schriftlich zu fassen, wenn sämtliche Miteigentümer schriftlich zustimmen. In der Praxis wird dieses Umlauf- oder Zirkularverfahren so durchgeführt, dass auf einem Schriftstück der betreffende Beschluss festgehalten wird und die Wohnungseigentümer diesen unterzeichnen, wobei das Dokument von einem Miteigentümer zum anderen weitergereicht wird. Haben sämtliche Miteigentümer zugestimmt, ist der Beschluss wirksam zustande gekommen. Im Umlaufverfahren gefasste Beschlüsse bedürfen also in jedem Fall der Einstimmigkeit. Auch Sachverhalte, über die in einer Versammlung mit einfacher Mehrheit beschlossen werden kann, benötigen im Umlaufverfahren die Zustimmung sämtlicher Miteigentümer. Die Initiative, einen schriftlichen Beschluss zu fassen, kann sowohl vom ⤳ Verwalter als auch von einem einzelnen Wohnungseigentümer ausgehen. Ein schriftlicher Beschluss wird dann wirksam, wenn die letzte Zustimmungserklärung beim Verwalter eingegangen ist. Zu diesem Zeitpunkt beginnt auch erst die einmonatige ⤳ Anfechtungsfrist zu laufen.

Sondereigentum

Das ⤳ Wohnungseigentum besteht aus zwei Elementen, die untrennbar miteinander verknüpft sind, dem ⤳ Miteigentumsanteil

Auch Balkone können zum Sondereigentum gehören.

am ⤳ gemeinschaftlichen Eigentum und dem Sondereigentum. Unter dem Sondereigentum ist das alleinige Eigentum an einer bestimmten Wohnung zu verstehen. Soweit nicht das Gesetz oder die Rechte Dritter entgegenstehen, kann der Sondereigentümer mit seinen Räumen und Gebäudeteilen nach Belieben verfahren. Er kann sie also selbst bewohnen, vermieten, verpachten oder in sonstiger Weise nutzen. Welche Gebäudebestandteile und Räume im Einzelfall zum Sondereigentum gehören, ergibt sich aus den Bestimmungen der ⤳ Teilungserklärung. Auch Balkone, Dachterrassen sowie Keller- und Speicherräume können Sondereigentum sein, nicht jedoch solche Gebäudeteile, die nach dem Gesetz zwingend zum gemeinschaftlichen Eigentum gehören. Dazu zählen zum Beispiel tragende Wände oder die Hauseingangstür.

Sondernutzungsrecht

Für Pkw-Abstellplätze werden häufig Sondernutzungsrechte vereinbart.

Unter einem Sondernutzungsrecht versteht man die einem Miteigentümer durch ⤳ Vereinbarung eingeräumte Möglichkeit, gemeinschaftliche Flächen oder Räume allein und ausschließlich zu nutzen. Häufiger Fall in der Praxis: Ein Pkw-Abstellplatz wird einem einzelnen Miteigentümer zur ausschließlichen Nutzung zugewiesen. Auch Gartenflächen, die im Bereich von Erdgeschosswohnungen liegen, können durch Sondernutzungsrecht dem jeweiligen Eigentümer zur ausschließlichen Nutzung zugewiesen werden. Die wirksame Bestellung eines Sondernutzungsrechts setzt voraus, dass sämtliche Wohnungseigentümer daran mitwirken. Wirtschaftlich betrachtet unterscheidet sich ein Sondernutzungsrecht kaum vom ⤳ Sondereigentum. Rechtlich ändert sich am bestehenden ⤳ gemeinschaftlichen Eigentum nichts, dieses wird durch das Sondernutzungsrecht lediglich zugunsten des Berechtigten belastet. Die Übertragung eines Sondernutzungsrechts ist nur innerhalb der Eigentümergemeinschaft möglich, ein Außenstehender kann nicht Inhaber eines Sondernutzungsrechts werden.

Stimmrecht

Ein wesentliches – und in keiner Weise ausschließbares – Recht jedes Wohnungseigentümers ist das Stimmrecht in der ⤳ Wohnungseigentümerversammlung. Beim Erwerb einer gebrauchten ⤳ Eigentumswohnung steht das Stimmrecht dem Erwerber jedoch erst dann zu, wenn er im ⤳ Grundbuch eingetragen ist. In § 25 Absatz 2 des Wohnungseigentumsgesetzes geht man vom „Kopfprinzip" aus. Danach hat jeder Wohnungseigentümer unabhängig von der Größe seiner Wohnung bzw. der Höhe seines ⇢ Miteigentumsanteils eine Stimme. Abweichende Regelungen in der ⇢ Teilungserklärung oder der ⇢ Gemeinschaftsordnung sind jedoch möglich und in der Praxis auch verbreitet. So kann sich beispielsweise das Stimmrecht nach dem Umfang der Miteigentumsanteile richten. Steht ein ⇢ Wohnungs- oder ⇢ Teileigentum mehreren Personen gemeinschaftlich zu, zum Beispiel Ehepartnern oder einer Erbengemeinschaft, kann eine wirksame Stimmabgabe nur einheitlich erfolgen. Kommt keine Einigung zustande und werden für eine Wohneinheit mehrere Stimmen abgegeben, ist die Stimmabgabe ungültig und wird wie eine Enthaltung gewertet. Ein Wohnungseigentümer, der an einer Eigentümerversammlung nicht teilnehmen kann, kann sich auch bei der Stimmabgabe durch eine Person seines Vertrauens vertreten lassen.

Teileigentum

Mit Teileigentum werden im ⇢ Sondereigentum stehende Räume eines Gebäudes bezeichnet, die nicht zu Wohnzwecken dienen. Sondereigentum, das zu Wohnzwecken dient, wird als ⇢ Wohnungseigentum bezeichnet. Ob Wohnungs- oder Teileigentum vorliegt, ergibt sich aus der ⇢ Teilungserklärung bzw. dem ⇢ Aufteilungsplan. Räume, die als Teileigentum ausgewiesen sind, können zu beruflichen, gewerblichen oder sonstigen Zwecken benutzt werden, zum Beispiel als Büroraum, Arztpraxis, ⇢ Ladengeschäft oder Gaststätte.

Teilrechtsfähigkeit der Eigentümergemeinschaft

Die mit der Reform des Wohnungseigentumsgesetzes zum 1. Juli 2007 eingeführte „Teilrechtsfähigkeit der Eigentümergemeinschaft" erleichtert die Verwaltung des ⇢ gemeinschaftlichen Eigentums spürbar. Bevor die Teilrechtsfähigkeit eingeführt wurde, waren die Wohnungseigentümer persönlich Träger sämtlicher Rechte und Pflichten, die bei der Verwaltung des gemeinschaftlichen Vermögens entstehen können. Heute kann die Eigentümergemeinschaft als solche bei der Verwaltung des gemeinschaftlichen Eigentums Träger von Rechten und Pflichten sein und auch im Rechtsverkehr als selbstständige Einheit auftreten. Daraus

Die Teilrechtsfähigkeit erleichtert die Verwaltung.

ergeben sich wichtige Konsequenzen im Hinblick auf die Haftung und bei gerichtlichen Verfahren.

Teilungserklärung

Die Teilungserklärung grenzt Sondereigentum und gemeinschaftliches Eigentum voneinander ab.

Durch die Teilungserklärung bewirkt der Alleineigentümer eines Grundstücks die Aufteilung in ⇢ Wohnungs- bzw. ⇢ Teileigentum. Aus der Teilungserklärung ergibt sich die Höhe der jeweiligen ⇢ Miteigentumsanteile. Außerdem wird darin ein Miteigentumsanteil mit dem jeweiligen ⇢ Sondereigentum an einer Wohnung verknüpft. Darüber hinaus können in der Teilungserklärung Einzelheiten des Verhältnisses der künftigen Wohnungseigentümer untereinander festgelegt werden. Die Teilungserklärung, der ⇢ Aufteilungsplan sowie eine ⇢ Abgeschlossenheitsbescheinigung müssen dem Grundbuchamt vorgelegt werden. Mithilfe von Teilungserklärung werden ⇢ Sondereigentum und ⇢ gemeinschaftliches Eigentum voneinander abgegrenzt. Um eine Teilungserklärung zu ändern, müssen nicht nur sämtliche Wohnungseigentümer zustimmen, sondern auch die Inhaber dinglicher Rechte, zum Beispiel Hypotheken- oder Grundschuldgläubiger.

Umlaufbeschluss

⇢ schriftlicher Beschluss

Unbedenklichkeitsbescheinigung

⇢ Grunderwerbsteuer

Vereinbarung

Der Begriff wird synonym für die ⇢ Gemeinschaftsordnung oder einzelne ihrer Regelungen verwendet.

Versicherungen

Gesetzliche Bestimmungen verlangen den Abschluss bestimmter Versicherungen.

Um eine Anlage ordnungsgemäß zu verwalten, ist nach den gesetzlichen Bestimmungen der Abschluss von Versicherungen für das ⇢ gemeinschaftliche Eigentum vorgeschrieben. Neben einer Feuerversicherung zählt hierzu eine Haus- und Grundbesitzer-Haftpflichtpolice, die auch eine Gewässerschaden-Haftpflichtversicherung umfassen kann. Ob und welche Versicherungen im Einzelnen abgeschlossen werden, entscheiden die Miteigentümer durch ⇢ Beschluss. Um den Versicherungsschutz nicht aufs Spiel zu setzen, ist der ⟶ Verwalter verpflichtet, für die rechtzeitige Zahlung der Versicherungsprämien zu sorgen. Versäumt er dies, macht er sich gegenüber der Gemeinschaft schadenersatzpflichtig. Ergänzend zu den genannten Versicherungen kommen noch folgende Policen in Frage: Sturm- und Leitungswasserschaden-Versicherung, Gebäudeglasversicherung.

Verwalter

Die Eigentümergemeinschaft ist verpflichtet, einen Verwalter zu bestellen; er ist neben der ⟶ Wohnungseigentümerversammlung das wichtigste Organ der Gemeinschaft. Als Verwalter kann jede Person fungieren, besondere Zulassungsvoraussetzungen bestehen nicht. Bei berufsmäßigen Verwaltern muss vor Beginn der Tätigkeit lediglich eine Anzeige beim örtlichen Gewerbeamt erfolgen. Eine Wohnungseigentümergemeinschaft ist gut beraten, vor Abschluss eines Verwaltervertrags Auskünfte über die Qualifikation und bisherige Tätigkeit des vorgesehenen Verwalters einzuholen. Es kann unter anderem hilfreich sein, ⟶ Verwaltungsbeiräte anderer Eigentümergemeinschaften nach ihren Erfahrungen zu befragen.

Ohne Verwalter geht es nicht.

Verwaltungsbeirat

Im Gegensatz zur gesetzlich vorgeschriebenen Bestellung eines ⟶ Verwalters steht es der Eigentümergemeinschaft frei, einen Verwaltungsbeirat zu bestellen. Dessen Aufgabe besteht darin, den Verwalter bei der Durchführung seiner Aufgaben zu unterstützen bzw. zu kontrollieren. Neben der Prüfung des ⟶ Wirtschaftsplans und der ⟶ Jahresabrechnung ist der Verwaltungsbeirat beispielsweise auch berechtigt, eine ⟶ Wohnungseigentümerversammlung einzuberufen, falls der Verwalter dies verweigert. In der Praxis hat es sich bewährt, einen Verwaltungsbeirat einzurichten. Zur Bestellung genügt ein mehrheitlicher ⟶ Beschluss der Gemeinschaft. Daneben können für besondere Aufgaben spezielle Ausschüsse gebildet werden.

Vormerkung

Da zwischen dem Abschluss des Kaufvertrags über die ⟶ Eigentumswohnung und der Eintragung des Erwerbers im ⟶ Grundbuch erfahrungsgemäß ein längerer Zeitraum liegt, besteht die Gefahr, dass durch Verfügungen des Verkäufers Rechtsnachteile für den

Erwerber entstehen. Schützen kann er sich dagegen, wenn er eine Vormerkung im Grundbuch eintragen lässt. Diese sogenannte Auflassungsvormerkung wird aber nicht automatisch im Grundbuch eingetragen, sondern sie bedarf

■ der ausdrücklichen Vereinbarung im Kaufvertrag,
■ einer Bewilligungserklärung des Verkäufers,
■ eines Antrags von Seiten des Käufers.

Werklieferungsvertrag
⋯⋗ Kaufvertrag

Wirtschaftsplan
Der ⋯⋗ Verwalter ist verpflichtet, für jedes Kalenderjahr einen Wirtschaftsplan zu erstellen, der – ähnlich wie ein Haushaltsplan der Gemeinschaft – für das künftige Wirtschaftsjahr gilt. Kommt der Verwalter seiner Pflicht zur Vorlage nicht nach, hat jeder einzelne Wohnungseigentümer einen eigenen, gerichtlich durchsetzbaren Anspruch gegen den Verwalter auf Erstellung eines Wirtschaftsplans. Neben den voraussichtlichen Einnahmen und Ausgaben der Gemeinschaft muss sich aus dem Wirtschaftsplan der anteilige Beitrag eines jeden Miteigentümers ergeben. Außerdem muss der Betrag ausgewiesen werden, der in die ⋯⋗ Instandhaltungsrücklage fließt. Wenn der Verwalter den Wirtschaftsplan vorlegt, wird dieser noch nicht wirksam. Das geschieht erst nach einem entsprechenden ⋯⋗ Beschluss der Gemeinschaft. Ist ein ⋯⋗ Verwaltungsbeirat bestellt, muss dieser vorher den Wirtschaftsplan prüfen und der Gemeinschaft seine Einschätzung mitteilen. Die aufgrund des Wirtschaftsplans über das Jahr hinweg geleisteten Zahlungen werden am Jahresende mit dem Saldo der ⋯⋗ Jahresabrechnung verrechnet. Dies kann zu Nachzahlungspflichten oder Erstattungsansprüchen des einzelnen Eigentümers führen.

Wohnungseigentum

Wohnungseigentum darf nicht für gewerbliche Zwecke genutzt werden.

Unter dem Begriff des Wohnungseigentums versteht man die untrennbare Verbindung des Alleineigentums an einer Wohnung, des sogenannten ⋯⋗ Sondereigentums, mit dem ⋯⋗ Miteigentumsanteil an einem Grundstück. Vom ⋯⋗ Teileigentum unterscheidet sich das Wohnungseigentum nur hinsichtlich der Nutzung der Räume. Wohnungseigentum darf nur zu Wohnzwecken, Teileigentum hingegen auch zu gewerblichen und beruflichen Zwecken genutzt werden.

Wohnungseigentümerversammlung

Die Miteigentümer regeln die Verwaltung des ⤳ gemeinschaftlichen Eigentums durch Beschlussfassung. Diese ⤳ Beschlüsse werden – mit Ausnahme von sogenannten Umlaufbeschlüssen im schriftlichen Verfahren – im Rahmen von Wohnungseigentümerversammlungen gefasst. Voraussetzung ist die ordnungsgemäße Einberufung durch die zuständige Person, in der Regel durch den ⤳ Verwalter. Um einen ungestörten Ablauf zu gewährleisten und fremde Einflüsse fernzuhalten, sind die Versammlungen nicht öffentlich. Im Normalfall führt der Verwalter den Vorsitz in der Versammlung. Die in der Versammlung gefassten Beschlüsse müssen in einem ⤳ Protokoll festgehalten werden.

Anhang

Die etwas andere „Gemeinschaftsordnung"

In jeder Eigentümergemeinschaft werden die Bedingungen des Zusammenlebens mehr oder weniger formal in der Gemeinschaftsordnung und/oder in einer normalen Hausordnung geregelt. Darin werden üblicherweise auch viele eigentumsrechtliche Fragen behandelt, siehe Seite 29. Doch es geht auch anders: Gemeinschaften können zusätzlich Absprachen treffen, die auf die speziellen Gegebenheiten und Bedürfnisse zugeschnitten sind. Als Anregung finden Sie hier ein Beispiel für eine solche etwas andere „Gemeinschaftsordnung". Die Wohneigentumsanlage besteht aus zwei Gebäuden, einem Vorder- und einem Hinterhaus, in einem großstädtischen Innenstadtviertel.

Beispiel:

„Gemeinschaftsordnung" für die Bewohner des Vorder- und Hinterhauses Bürgerstraße 20
- -

Die Eigentümer haben sich dazu entschlossen, einige Verhaltensregeln für das tägliche Miteinander aufzustellen, mit der Bitte an alle Bewohner im Vorder- und Hinterhaus, diese Verabredungen auch einzuhalten.

Diese „Gemeinschaftsordnung" soll das Zusammenleben in unseren beiden Häusern erleichtern und an gegenseitige Rücksichtnahme erinnern. Sie soll aber keine starre Hausordnung darstellen und erhebt keinen Anspruch auf Vollständigkeit. Vielmehr kann sie jederzeit, nach Rücksprache mit dem Verwaltungsbeirat, ergänzt oder verändert werden. Die vermietenden Eigentümer werden gebeten, diese Aufstellung ihren Mietern auszuhändigen beziehungsweise zum Bestandteil neuer Mietverträge zu machen.

Für alle Hausbewohner
- -

Hoftor: Das Hoftor soll abends und an den Wochenenden geschlossen werden, damit keine Unbefugten Zutritt zum Innenhof haben. Konkret: Das Hoftor soll in der Woche von 20.00 bis 6.00 Uhr und am Wochenende ganztägig geschlossen sein. Es darf aber, da Fluchtweg, nicht abgeschlossen werden.

Stellplätze im Hof: Die Stellplätze sind Sondereigentum und nur zum Parken für die Eigentümer beziehungsweise Mieter vorgesehen. Alle Bewohner und insbesondere die gewerblichen Mieter im Hinterhaus werden gebeten, ihre Besucher darauf hinzuweisen, dass die im Innenhof befindlichen Stellplätze, wenn nicht explizit angemietet, keine Kunden- beziehungsweise Besucherparkplätze sind. Fahrzeuge sollen nur auf den Stellplätzen geparkt werden.

Müll und Mülltonnen: Die schwarzen Mülltonnen im Mülltonnenschrank sollten nur so weit gefüllt werden, dass der Deckel sich noch vollständig schließen lässt. Altpapier, insbesondere Zeitungen und Papierabfälle aus den Büros, gehören nicht in den Hausmüll, sondern in die städtischen Container. Je eine gelbe Tonne befindet sich im Keller des Vorderhauses und im Kellerabgang des Hinterhauses. Die Hausbewohner sorgen in Eigenregie dafür, dass diese Tonnen zur Leerung an der Straße stehen.

Abstellen von Hausrat etc.: Grundsätzlich sind Flächen in Allgemeinbereichen nicht zum Abstellen von privatem Hausrat oder sonstigen Gegenständen, zum Beispiel Sperrmüll, gedacht. Das betrifft Kellerflure, Treppenhäuser oder das Hofgelände. Sollten Bewohner ausnahmsweise vorübergehend etwas irgendwo abstellen müssen, zum Beispiel in einer kurzen Überbrückungszeit zwischen Auszug und Sperrmüllabfuhr, sollte diese Ausnahme mit der Verwaltung abgestimmt werden.

Optische Veränderungen: Grundsätzlich sind optische Veränderungen am Gemeinschaftseigentum, zum Beispiel die Montage von technischen Geräten, Leuchten etc. an der Fassade, nicht gestattet.

Schilder: Die Hinweis-, Briefkasten- und Klingelschilder werden kostenpflichtig über die Verwaltung bestellt, damit hier ein einheitliches Bild gewahrt bleibt.

Für die Bewohner des Vorderhauses

Fahrräder: Im Hausflur sollen aus Platzgründen nur die Kinder- und Damenfahrräder abgestellt werden. Die Herrenfahrräder sollen im Keller abgestellt werden. Diese Regelung gilt auch für Fahrräder, die über einen längeren Zeitraum nicht benutzt werden.

Heizungsraum: Der Heizungsraum soll abgeschlossen werden. Schlüssel für den Heizungsraum des Vorderhauses befinden sich bei Herrn/Frau Görden.

Gesetz über das Wohnungseigentum und das Dauerwohnrecht

(Wohnungseigentumsgesetz) WoEigG

Ein Service des Bundesministeriums der Justiz in Zusammenarbeit mit der juris GmbH – www.juris.de

WoEigG
Ausfertigungsdatum: 15.3.1951

Vollzitat:
„Wohnungseigentumsgesetz in der im Bun-
desgesetzblatt Teil III, Gliederungsnummer
403-1, veröffentlichten bereinigten Fassung,
das zuletzt durch Artikel 9 des Gesetzes
vom 7. Juli 2009 (BGBl. I S. 1707) geändert
worden ist"

Stand: Zuletzt geändert durch
Art. 9 G v. 7.7.2009 I 1707

Textnachweis Geltung ab: 1.10.1973

Wegen des Umfangs der Geltung im Saarland
vgl. § 3 II Nr. 1 G v. 30.6.1959 101-3; in Berlin
gem. Art. III G v. 2.8.1951 GVBl. S. 547 am
10.8.1951 in Kraft getreten

I. Teil
Wohnungseigentum

§ 1 Begriffsbestimmungen

(1) Nach Maßgabe dieses Gesetzes kann an Wohnungen das Wohnungseigentum, an nicht zu Wohnzwecken dienenden Räumen eines Gebäudes das Teileigentum begründet werden.

(2) Wohnungseigentum ist das Sondereigentum an einer Wohnung in Verbindung mit dem Miteigentumsanteil an dem gemeinschaftlichen Eigentum, zu dem es gehört.

(3) Teileigentum ist das Sondereigentum an nicht zu Wohnzwecken dienenden Räumen eines Gebäudes in Verbindung mit dem Miteigentumsanteil an dem gemeinschaftlichen Eigentum, zu dem es gehört.

(4) Wohnungseigentum und Teileigentum können nicht in der Weise begründet werden, daß das Sondereigentum mit Miteigentum an mehreren Grundstücken verbunden wird.

(5) Gemeinschaftliches Eigentum im Sinne dieses Gesetzes sind das Grundstück sowie die Teile, Anlagen und Einrichtungen des Gebäudes, die nicht im Sondereigentum oder im Eigentum eines Dritten stehen.

(6) Für das Teileigentum gelten die Vorschriften über das Wohnungseigentum entsprechend.

1. Abschnitt
Begründung des Wohnungseigentums

§ 2 Arten der Begründung

Wohnungseigentum wird durch die vertragliche Einräumung von Sondereigentum (§ 3) oder durch Teilung (§ 8) begründet.

§ 3 Vertragliche Einräumung von Sondereigentum

(1) Das Miteigentum (§ 1008 des Bürgerlichen Gesetzbuchs) an einem Grundstück kann durch Vertrag der Miteigentümer in der Weise beschränkt werden, daß jedem der Miteigentümer abweichend von § 93 des Bürgerlichen Gesetzbuchs das Sondereigentum an einer bestimmten Wohnung oder an nicht zu Wohnzwecken dienenden bestimmten Räumen in einem auf dem Grundstück errichteten oder zu errichtenden Gebäude eingeräumt wird.

(2) Sondereigentum soll nur eingeräumt werden, wenn die Wohnungen oder sonstigen Räume in sich abgeschlossen sind. Garagenstellplätze gelten als abgeschlossene Räume, wenn ihre Flächen durch dauerhafte Markierungen ersichtlich sind.

(3) (weggefallen)

§ 4 Formvorschriften

(1) Zur Einräumung und zur Aufhebung des Sondereigentums ist die Einigung der Beteiligten über den Eintritt der Rechtsänderung und die Eintragung in das Grundbuch erforderlich.

(2) Die Einigung bedarf der für die Auflassung vorgeschriebenen Form. Sondereigentum kann nicht unter einer Bedingung oder Zeitbestimmung eingeräumt oder aufgehoben werden.

(3) Für einen Vertrag, durch den sich ein Teil verpflichtet, Sondereigentum einzuräumen, zu erwerben oder aufzuheben, gilt § 311b Abs. 1 des Bürgerlichen Gesetzbuchs entsprechend.

§ 5 Gegenstand und Inhalt des Sondereigentums

(1) Gegenstand des Sondereigentums sind die gemäß § 3 Abs. 1 bestimmten Räume sowie die zu diesen Räumen gehörenden Bestandteile des Gebäudes, die verändert, beseitigt oder eingefügt werden können, ohne daß dadurch das gemeinschaftliche Eigentum oder ein auf Sondereigentum beruhendes Recht eines anderen Wohnungseigentümers über das nach § 14 zulässige Maß hinaus beeinträchtigt oder die äußere Gestaltung des Gebäudes verändert wird.

(2) Teile des Gebäudes, die für dessen Bestand oder Sicherheit erforderlich sind, sowie Anlagen und Einrichtungen, die dem gemeinschaftlichen Gebrauch der Wohnungseigentümer dienen, sind nicht Gegenstand des Sondereigentums, selbst wenn sie sich

im Bereich der im Sondereigentum stehenden Räume befinden.

(3) Die Wohnungseigentümer können vereinbaren, daß Bestandteile des Gebäudes, die Gegenstand des Sondereigentums sein können, zum gemeinschaftlichen Eigentum gehören.

(4) Vereinbarungen über das Verhältnis der Wohnungseigentümer untereinander können nach den Vorschriften des 2. und 3. Abschnitts zum Inhalt des Sondereigentums gemacht werden. Ist das Wohnungseigentum mit der Hypothek, Grund- oder Rentenschuld oder der Reallast eines Dritten belastet, so ist dessen nach anderen Rechtsvorschriften notwendige Zustimmung zu der Vereinbarung nur erforderlich, wenn ein Sondernutzungsrecht begründet oder ein mit dem Wohnungseigentum verbundenes Sondernutzungsrecht aufgehoben, geändert oder übertragen wird. Bei der Begründung eines Sondernutzungsrechts ist die Zustimmung des Dritten nicht erforderlich, wenn durch die Vereinbarung gleichzeitig das zu seinen Gunsten belastete Wohnungseigentum mit einem Sondernutzungsrecht verbunden wird.

§ 6 Unselbständigkeit des Sondereigentums

(1) Das Sondereigentum kann ohne den Miteigentumsanteil, zu dem es gehört, nicht veräußert oder belastet werden.

(2) Rechte an dem Miteigentumsanteil erstrecken sich auf das zu ihm gehörende Sondereigentum.

§ 7 Grundbuchvorschriften

(1) Im Falle des § 3 Abs. 1 wird für jeden Miteigentumsanteil von Amts wegen ein besonderes Grundbuchblatt (Wohnungsgrundbuch, Teileigentumsgrundbuch) angelegt. Auf diesem ist das zu dem Miteigentumsanteil gehörende Sondereigentum und als Beschränkung des Miteigentums die Einräumung der zu den anderen Miteigentumsanteilen gehörenden Sondereigentumsrechte einzutragen. Das Grundbuchblatt des Grundstücks wird von Amts wegen geschlossen.

(2) Von der Anlegung besonderer Grundbuchblätter kann abgesehen werden, wenn hiervon Verwirrung nicht zu besorgen ist. In diesem Fall ist das Grundbuchblatt als gemeinschaftliches Wohnungsgrundbuch (Teileigentumsgrundbuch) zu bezeichnen.

(3) Zur näheren Bezeichnung des Gegenstands und des Inhalts des Sondereigentums kann auf die Eintragungsbewilligung Bezug genommen werden.

(4) Der Eintragungsbewilligung sind als Anlagen beizufügen:
1. eine von der Baubehörde mit Unterschrift und Siegel oder Stempel versehene Bauzeichnung, aus der die Aufteilung des Gebäudes sowie die Lage und Größe der im Sondereigentum und der im gemeinschaftlichen Eigentum stehenden Gebäudeteile ersichtlich ist (Aufteilungsplan); alle zu demselben Wohnungseigentum gehörenden Einzelräume sind mit der jeweils gleichen Nummer zu kennzeichnen;
2. eine Bescheinigung der Baubehörde, daß

die Voraussetzungen des § 3 Abs. 2 vorliegen.

Wenn in der Eintragungsbewilligung für die einzelnen Sondereigentumsrechte Nummern angegeben werden, sollen sie mit denen des Aufteilungsplans übereinstimmen. Die Landesregierungen können durch Rechtsverordnung bestimmen, dass und in welchen Fällen der Aufteilungsplan (Satz 1 Nr. 1) und die Abgeschlossenheit (Satz 1 Nr. 2) von einem öffentlich bestellten oder anerkannten Sachverständigen für das Bauwesen statt von der Baubehörde ausgefertigt und bescheinigt werden. Werden diese Aufgaben von dem Sachverständigen wahrgenommen, so gelten die Bestimmungen der Allgemeinen Verwaltungsvorschrift für die Ausstellung von Bescheinigungen gemäß § 7 Abs. 4 Nr. 2 und § 32 Abs. 2 Nr. 2 des Wohnungseigentumsgesetzes vom 19. März 1974 (BAnz. Nr. 58 vom 23. März 1974) entsprechend. In diesem Fall bedürfen die Anlagen nicht der Form des § 29 der Grundbuchordnung. Die Landesregierungen können die Ermächtigung durch Rechtsverordnung auf die Landesbauverwaltungen übertragen.

(5) Für Teileigentumsgrundbücher gelten die Vorschriften über Wohnungsgrundbücher entsprechend.

§ 8 Teilung durch den Eigentümer

(1) Der Eigentümer eines Grundstücks kann durch Erklärung gegenüber dem Grundbuchamt das Eigentum an dem Grundstück in Miteigentumsanteile in der Weise teilen, daß mit jedem Anteil das Sondereigentum an einer bestimmten Wohnung oder an nicht zu Wohnzwecken dienenden bestimmten Räumen in einem auf dem Grundstück errichteten oder zu errichtenden Gebäude verbunden ist.

(2) Im Falle des Absatzes 1 gelten die Vorschriften des § 3 Abs. 2 und der §§ 5, 6, § 7 Abs. 1, 3 bis 5 entsprechend. Die Teilung wird mit der Anlegung der Wohnungsgrundbücher wirksam.

§ 9 Schließung der Wohnungsgrundbücher

(1) Die Wohnungsgrundbücher werden geschlossen:
1. von Amts wegen, wenn die Sondereigentumsrechte gemäß § 4 aufgehoben werden;
2. auf Antrag sämtlicher Wohnungseigentümer, wenn alle Sondereigentumsrechte durch völlige Zerstörung des Gebäudes gegenstandslos geworden sind und der Nachweis hierfür durch eine Bescheinigung der Baubehörde erbracht ist;
3. auf Antrag des Eigentümers, wenn sich sämtliche Wohnungseigentumsrechte in einer Person vereinigen.

(2) Ist ein Wohnungseigentum selbständig mit dem Recht eines Dritten belastet, so werden die allgemeinen Vorschriften, nach denen zur Aufhebung des Sondereigentums die Zustimmung des Dritten erforderlich ist, durch Absatz 1 nicht berührt.

(3) Werden die Wohnungsgrundbücher geschlossen, so wird für das Grundstück ein Grundbuchblatt nach den allgemeinen Vorschriften angelegt; die Sondereigentumsrechte erlöschen, soweit sie nicht bereits aufgehoben sind, mit der Anlegung des Grundbuchblatts.

2. Abschnitt
Gemeinschaft der Wohnungseigentümer

§ 10 Allgemeine Grundsätze

(1) Inhaber der Rechte und Pflichten nach den Vorschriften dieses Gesetzes, insbesondere des Sondereigentums und des gemeinschaftlichen Eigentums, sind die Wohnungseigentümer, soweit nicht etwas anderes ausdrücklich bestimmt ist.

(2) Das Verhältnis der Wohnungseigentümer untereinander bestimmt sich nach den Vorschriften dieses Gesetzes und, soweit dieses Gesetz keine besonderen Bestimmungen enthält, nach den Vorschriften des Bürgerlichen Gesetzbuchs über die Gemeinschaft. Die Wohnungseigentümer können von den Vorschriften dieses Gesetzes abweichende Vereinbarungen treffen, soweit nicht etwas anderes ausdrücklich bestimmt ist. Jeder Wohnungseigentümer kann eine vom Gesetz abweichende Vereinbarung oder die Anpassung einer Vereinbarung verlangen, soweit ein Festhalten an der geltenden Regelung aus schwerwiegenden Gründen unter Berücksichtigung aller Umstände des Einzelfalles, insbesondere der Rechte und Interessen der anderen Wohnungseigentümer, unbillig erscheint.

(3) Vereinbarungen, durch die die Wohnungseigentümer ihr Verhältnis untereinander in Ergänzung oder Abweichung von Vorschriften dieses Gesetzes regeln, sowie die Abänderung oder Aufhebung solcher Vereinbarungen wirken gegen den Sondernachfolger eines Wohnungseigentümers nur, wenn sie als Inhalt des Sondereigentums im Grundbuch eingetragen sind.

(4) Beschlüsse der Wohnungseigentümer gemäß § 23 und gerichtliche Entscheidungen in einem Rechtsstreit gemäß § 43 bedürfen zu ihrer Wirksamkeit gegen den Sondernachfolger eines Wohnungseigentümers nicht der Eintragung in das Grundbuch. Dies gilt auch für die gemäß § 23 Abs. 1 aufgrund einer Vereinbarung gefassten Beschlüsse, die vom Gesetz abweichen oder eine Vereinbarung ändern.

(5) Rechtshandlungen in Angelegenheiten, über die nach diesem Gesetz oder nach einer Vereinbarung der Wohnungseigentümer durch Stimmenmehrheit beschlossen werden kann, wirken, wenn sie auf Grund eines mit solcher Mehrheit gefaßten Beschlusses vorgenommen werden, auch für und gegen die Wohnungseigentümer, die gegen den Beschluß gestimmt oder an der Beschlußfassung nicht mitgewirkt haben.

(6) Die Gemeinschaft der Wohnungseigentümer kann im Rahmen der gesamten Verwaltung des gemeinschaftlichen Eigentums gegenüber Dritten und Wohnungseigentümern selbst Rechte erwerben und Pflichten eingehen. Sie ist Inhaberin der als Gemeinschaft gesetzlich begründeten und rechtsgeschäftlich erworbenen Rechte und Pflichten. Sie übt die gemeinschaftsbezogenen Rechte der Wohnungseigentümer aus und nimmt die gemeinschaftsbezogenen Pflichten der Wohnungseigentümer wahr, ebenso sonstige Rechte und Pflichten der Wohnungseigentümer, soweit diese gemeinschaftlich geltend gemacht werden können oder zu erfüllen sind. Die Gemeinschaft muss die Bezeichnung „Wohnungseigentümergemeinschaft" gefolgt von der bestimmten Angabe des gemein-

schaftlichen Grundstücks führen. Sie kann vor Gericht klagen und verklagt werden.

(7) Das Verwaltungsvermögen gehört der Gemeinschaft der Wohnungseigentümer. Es besteht aus den im Rahmen der gesamten Verwaltung des gemeinschaftlichen Eigentums gesetzlich begründeten und rechtsgeschäftlich erworbenen Sachen und Rechten sowie den entstandenen Verbindlichkeiten. Zu dem Verwaltungsvermögen gehören insbesondere die Ansprüche und Befugnisse aus Rechtsverhältnissen mit Dritten und mit Wohnungseigentümern sowie die eingenommenen Gelder. Vereinigen sich sämtliche Wohnungseigentumsrechte in einer Person, geht das Verwaltungsvermögen auf den Eigentümer des Grundstücks über.

(8) Jeder Wohnungseigentümer haftet einem Gläubiger nach dem Verhältnis seines Miteigentumsanteils (§ 16 Abs. 1 Satz 2) für Verbindlichkeiten der Gemeinschaft der Wohnungseigentümer, die während seiner Zugehörigkeit zur Gemeinschaft entstanden oder während dieses Zeitraums fällig geworden sind; für die Haftung nach Veräußerung des Wohnungseigentums ist § 160 des Handelsgesetzbuches entsprechend anzuwenden. Er kann gegenüber einem Gläubiger neben den in seiner Person begründeten auch die der Gemeinschaft zustehenden Einwendungen und Einreden geltend machen, nicht aber seine Einwendungen und Einreden gegenüber der Gemeinschaft. Für die Einrede der Anfechtbarkeit und Aufrechenbarkeit ist § 770 des Bürgerlichen Gesetzbuches entsprechend anzuwenden. Die Haftung eines Wohnungseigentümers gegenüber der Gemeinschaft wegen

nicht ordnungsmäßiger Verwaltung bestimmt sich nach Satz 1.

§ 11 Unauflöslichkeit der Gemeinschaft

(1) Kein Wohnungseigentümer kann die Aufhebung der Gemeinschaft verlangen. Dies gilt auch für eine Aufhebung aus wichtigem Grund. Eine abweichende Vereinbarung ist nur für den Fall zulässig, daß das Gebäude ganz oder teilweise zerstört wird und eine Verpflichtung zum Wiederaufbau nicht besteht.

(2) Das Recht eines Pfändungsgläubigers (§ 751 des Bürgerlichen Gesetzbuchs) sowie das im Insolvenzverfahren bestehende Recht (§ 84 Abs. 2 der Insolvenzordnung), die Aufhebung der Gemeinschaft zu verlangen, ist ausgeschlossen.

(3) Ein Insolvenzverfahren über das Verwaltungsvermögen der Gemeinschaft findet nicht statt.

§ 12 Veräußerungsbeschränkung

(1) Als Inhalt des Sondereigentums kann vereinbart werden, daß ein Wohnungseigentümer zur Veräußerung seines Wohnungseigentums der Zustimmung anderer Wohnungseigentümer oder eines Dritten bedarf.

(2) Die Zustimmung darf nur aus einem wichtigen Grund versagt werden. Durch Vereinbarung gemäß Absatz 1 kann dem Wohnungseigentümer darüber hinaus für bestimmte Fälle ein Anspruch auf Erteilung der Zustimmung eingeräumt werden.

(3) Ist eine Vereinbarung gemäß Absatz 1 getroffen, so ist eine Veräußerung des Wohnungseigentums und ein Vertrag, durch den sich der Wohnungseigentümer zu einer solchen Veräußerung verpflichtet, unwirksam, solange nicht die erforderliche Zustimmung erteilt ist. Einer rechtsgeschäftlichen Veräußerung steht eine Veräußerung im Wege der Zwangsvollstreckung oder durch den Insolvenzverwalter gleich.

(4) Die Wohnungseigentümer können durch Stimmenmehrheit beschließen, dass eine Veräußerungsbeschränkung gemäß Absatz 1 aufgehoben wird. Diese Befugnis kann durch Vereinbarung der Wohnungseigentümer nicht eingeschränkt oder ausgeschlossen werden. Ist ein Beschluss gemäß Satz 1 gefasst, kann die Veräußerungsbeschränkung im Grundbuch gelöscht werden. Der Bewilligung gemäß § 19 der Grundbuchordnung bedarf es nicht, wenn der Beschluss gemäß Satz 1 nachgewiesen wird. Für diesen Nachweis ist § 26 Abs. 3 entsprechend anzuwenden.

§ 13 Rechte des Wohnungseigentümers

(1) Jeder Wohnungseigentümer kann, soweit nicht das Gesetz oder Rechte Dritter entgegenstehen, mit den im Sondereigentum stehenden Gebäudeteilen nach Belieben verfahren, insbesondere diese bewohnen, vermieten, verpachten oder in sonstiger Weise nutzen, und andere von Einwirkungen ausschließen.

(2) Jeder Wohnungseigentümer ist zum Mitgebrauch des gemeinschaftlichen Eigentums nach Maßgabe der §§ 14, 15 berechtigt. An den sonstigen Nutzungen des gemeinschaftlichen Eigentums gebührt jedem Wohnungseigentümer ein Anteil nach Maßgabe des § 16.

§ 14 Pflichten des Wohnungseigentümers

Jeder Wohnungseigentümer ist verpflichtet:
1. die im Sondereigentum stehenden Gebäudeteile so instand zu halten und von diesen sowie von dem gemeinschaftlichen Eigentum nur in solcher Weise Gebrauch zu machen, daß dadurch keinem der anderen Wohnungseigentümer über das bei einem geordneten Zusammenleben unvermeidliche Maß hinaus ein Nachteil erwächst;
2. für die Einhaltung der in Nummer 1 bezeichneten Pflichten durch Personen zu sorgen, die seinem Hausstand oder Geschäftsbetrieb angehören oder denen er sonst die Benutzung der im Sonder- oder Miteigentum stehenden Grundstücks- oder Gebäudeteile überläßt;
3. Einwirkungen auf die im Sondereigentum stehenden Gebäudeteile und das gemeinschaftliche Eigentum zu dulden, soweit sie auf einem nach Nummer 1, 2 zulässigen Gebrauch beruhen;
4. das Betreten und die Benutzung der im Sondereigentum stehenden Gebäudeteile zu gestatten, soweit dies zur Instandhaltung und Instandsetzung des gemeinschaftlichen Eigentums erforderlich ist; der hierdurch entstehende Schaden ist zu ersetzen.

§ 15 Gebrauchsregelung

(1) Die Wohnungseigentümer können den Gebrauch des Sondereigentums und des gemeinschaftlichen Eigentums durch Vereinbarung regeln.

(2) Soweit nicht eine Vereinbarung nach Absatz 1 entgegensteht, können die Wohnungseigentümer durch Stimmenmehrheit einen der Beschaffenheit der im Sondereigentum stehenden Gebäudeteile und des gemeinschaftlichen Eigentums entsprechenden ordnungsmäßigen Gebrauch beschließen.

(3) Jeder Wohnungseigentümer kann einen Gebrauch der im Sondereigentum stehenden Gebäudeteile und des gemeinschaftlichen Eigentums verlangen, der dem Gesetz, den Vereinbarungen und Beschlüssen und, soweit sich die Regelung hieraus nicht ergibt, dem Interesse der Gesamtheit der Wohnungseigentümer nach billigem Ermessen entspricht.

§ 16 Nutzungen, Lasten und Kosten

(1) Jedem Wohnungseigentümer gebührt ein seinem Anteil entsprechender Bruchteil der Nutzungen des gemeinschaftlichen Eigentums. Der Anteil bestimmt sich nach dem gemäß § 47 der Grundbuchordnung im Grundbuch eingetragenen Verhältnis der Miteigentumsanteile.

(2) Jeder Wohnungseigentümer ist den anderen Wohnungseigentümern gegenüber verpflichtet, die Lasten des gemeinschaftlichen Eigentums sowie die Kosten der Instandhaltung, Instandsetzung, sonstigen Verwaltung und eines gemeinschaftlichen Gebrauchs des gemeinschaftlichen Eigentums nach dem Verhältnis seines Anteils (Absatz 1 Satz 2) zu tragen.

(3) Die Wohnungseigentümer können abweichend von Absatz 2 durch Stimmenmehrheit beschließen, dass die Betriebskosten des gemeinschaftlichen Eigentums oder des Sondereigentums im Sinne des § 556 Abs. 1 des Bürgerlichen Gesetzbuches, die nicht unmittelbar gegenüber Dritten abgerechnet werden, und die Kosten der Verwaltung nach Verbrauch oder Verursachung erfasst und nach diesem oder nach einem anderen Maßstab verteilt werden, soweit dies ordnungsmäßiger Verwaltung entspricht.

(4) Die Wohnungseigentümer können im Einzelfall zur Instandhaltung oder Instandsetzung im Sinne des § 21 Abs. 5 Nr. 2 oder zu baulichen Veränderungen oder Aufwendungen im Sinne des § 22 Abs. 1 und 2 durch Beschluss die Kostenverteilung abweichend von Absatz 2 regeln, wenn der abweichende Maßstab dem Gebrauch oder der Möglichkeit des Gebrauchs durch die Wohnungseigentümer Rechnung trägt. Der Beschluss zur Regelung der Kostenverteilung nach Satz 1 bedarf einer Mehrheit von drei Viertel aller stimmberechtigten Wohnungseigentümer im Sinne des § 25 Abs. 2 und mehr als der Hälfte aller Miteigentumsanteile.

(5) Die Befugnisse im Sinne der Absätze 3 und 4 können durch Vereinbarung der Wohnungseigentümer nicht eingeschränkt oder ausgeschlossen werden.

(6) Ein Wohnungseigentümer, der einer Maßnahme nach § 22 Abs. 1 nicht zugestimmt hat, ist nicht berechtigt, einen Anteil an Nutzungen, die auf einer solchen Maßnahme beruhen, zu beanspruchen; er ist nicht verpflichtet, Kosten, die durch eine solche Maßnahme verursacht sind, zu tragen. Satz 1 ist bei einer

Kostenverteilung gemäß Absatz 4 nicht anzuwenden.

(7) Zu den Kosten der Verwaltung im Sinne des Absatzes 2 gehören insbesondere Kosten eines Rechtsstreits gemäß § 18 und der Ersatz des Schadens im Falle des § 14 Nr. 4.

(8) Kosten eines Rechtsstreits gemäß § 43 gehören nur dann zu den Kosten der Verwaltung im Sinne des Absatzes 2, wenn es sich um Mehrkosten gegenüber der gesetzlichen Vergütung eines Rechtsanwalts aufgrund einer Vereinbarung über die Vergütung § 27 Abs. 2 Nr. 4, Abs. 3 Nr. 6) handelt.

§ 17 Anteil bei Aufhebung der Gemeinschaft

Im Falle der Aufhebung der Gemeinschaft bestimmt sich der Anteil der Miteigentümer nach dem Verhältnis des Wertes ihrer Wohnungseigentumsrechte zur Zeit der Aufhebung der Gemeinschaft. Hat sich der Wert eines Miteigentumsanteils durch Maßnahmen verändert, deren Kosten der Wohnungseigentümer nicht getragen hat, so bleibt eine solche Veränderung bei der Berechnung des Wertes dieses Anteils außer Betracht.

§ 18 Entziehung des Wohnungseigentums

(1) Hat ein Wohnungseigentümer sich einer so schweren Verletzung der ihm gegenüber anderen Wohnungseigentümern obliegenden Verpflichtungen schuldig gemacht, daß diesen die Fortsetzung der Gemeinschaft mit ihm nicht mehr zugemutet werden kann, so können die anderen Wohnungseigentümer von ihm die Veräußerung seines Wohnungseigentums verlangen. Die Ausübung des Entziehungsrechts steht der Gemeinschaft der Wohnungseigentümer zu, soweit es sich nicht um eine Gemeinschaft handelt, die nur aus zwei Wohnungseigentümern besteht.

(2) Die Voraussetzungen des Absatzes 1 liegen insbesondere vor, wenn
1. der Wohnungseigentümer trotz Abmahnung wiederholt gröblich gegen die ihm nach § 14 obliegenden Pflichten verstößt;
2. der Wohnungseigentümer sich mit der Erfüllung seiner Verpflichtungen zur Lasten- und Kostentragung (§ 16 Abs. 2) in Höhe eines Betrags, der drei vom Hundert des Einheitswerts seines Wohnungseigentums übersteigt, länger als drei Monate in Verzug befindet; in diesem Fall steht § 30 der Abgabenordnung einer Mitteilung des Einheitswerts an die Gemeinschaft der Wohnungseigentümer oder, soweit die Gemeinschaft nur aus zwei Wohnungseigentümern besteht, an den anderen Wohnungseigentümer nicht entgegen.

(3) Über das Verlangen nach Absatz 1 beschließen die Wohnungseigentümer durch Stimmenmehrheit. Der Beschluß bedarf einer Mehrheit von mehr als der Hälfte der stimmberechtigten Wohnungseigentümer. Die Vorschriften des § 25 Abs. 3, 4 sind in diesem Fall nicht anzuwenden.

(4) Der in Absatz 1 bestimmte Anspruch kann durch Vereinbarung der Wohnungseigentümer nicht eingeschränkt oder ausgeschlossen werden.

§ 19 Wirkung des Urteils

(1) Das Urteil, durch das ein Wohnungseigentümer zur Veräußerung seines Wohnungseigentums verurteilt wird, berechtigt jeden Miteigentümer zur Zwangsvollstreckung entsprechend den Vorschriften des Ersten Abschnitts des Gesetzes über die Zwangsversteigerung und die Zwangsverwaltung. Die Ausübung dieses Rechts steht der Gemeinschaft der Wohnungseigentümer zu, soweit es sich nicht um eine Gemeinschaft handelt, die nur aus zwei Wohnungseigentümern besteht.

(2) Der Wohnungseigentümer kann im Falle des § 18 Abs. 2 Nr. 2 bis zur Erteilung des Zuschlags die in Absatz 1 bezeichnete Wirkung des Urteils dadurch abwenden, daß er die Verpflichtungen, wegen deren Nichterfüllung er verurteilt ist, einschließlich der Verpflichtung zum Ersatz der durch den Rechtsstreit und das Versteigerungsverfahren entstandenen Kosten sowie die fälligen weiteren Verpflichtungen zur Lasten- und Kostentragung erfüllt.

(3) Ein gerichtlicher oder vor einer Gütestelle geschlossener Vergleich, durch den sich der Wohnungseigentümer zur Veräußerung seines Wohnungseigentums verpflichtet, steht dem in Absatz 1 bezeichneten Urteil gleich.

3. Abschnitt
Verwaltung

§ 20 Gliederung der Verwaltung

(1) Die Verwaltung des gemeinschaftlichen Eigentums obliegt den Wohnungseigentümern nach Maßgabe der §§ 21 bis 25 und dem Verwalter nach Maßgabe der §§ 26 bis 28, im Falle der Bestellung eines Verwaltungsbeirats auch diesem nach Maßgabe des § 29.

(2) Die Bestellung eines Verwalters kann nicht ausgeschlossen werden.

§ 21 Verwaltung durch die Wohnungseigentümer

(1) Soweit nicht in diesem Gesetz oder durch Vereinbarung der Wohnungseigentümer etwas anderes bestimmt ist, steht die Verwaltung des gemeinschaftlichen Eigentums den Wohnungseigentümern gemeinschaftlich zu.

(2) Jeder Wohnungseigentümer ist berechtigt, ohne Zustimmung der anderen Wohnungseigentümer die Maßnahmen zu treffen, die zur Abwendung eines dem gemeinschaftlichen Eigentum unmittelbar drohenden Schadens notwendig sind.

(3) Soweit die Verwaltung des gemeinschaftlichen Eigentums nicht durch Vereinbarung der Wohnungseigentümer geregelt ist, können die Wohnungseigentümer eine der Beschaffenheit des gemeinschaftlichen Eigentums entsprechende ordnungsmäßige Verwaltung durch Stimmenmehrheit beschließen.

(4) Jeder Wohnungseigentümer kann eine Verwaltung verlangen, die den Vereinbarungen und Beschlüssen und, soweit solche nicht bestehen, dem Interesse der Gesamtheit der Wohnungseigentümer nach billigem Ermessen entspricht.

(5) Zu einer ordnungsmäßigen, dem Interesse der Gesamtheit der Wohnungseigentümer entsprechenden Verwaltung gehört insbesondere:

1. die Aufstellung einer Hausordnung;
2. die ordnungsmäßige Instandhaltung und Instandsetzung des gemeinschaftlichen Eigentums;
3. die Feuerversicherung des gemeinschaftlichen Eigentums zum Neuwert sowie die angemessene Versicherung der Wohnungseigentümer gegen Haus- und Grundbesitzerhaftpflicht;
4. die Ansammlung einer angemessenen Instandhaltungsrückstellung;
5. die Aufstellung eines Wirtschaftsplans (§ 28);
6. die Duldung aller Maßnahmen, die zur Herstellung einer Fernsprechteilnehmereinrichtung, einer Rundfunkempfangsanlage oder eines Energieversorgungsanschlusses zugunsten eines Wohnungseigentümers erforderlich sind.

(6) Der Wohnungseigentümer, zu dessen Gunsten eine Maßnahme der in Absatz 5 Nr. 6 bezeichneten Art getroffen wird, ist zum Ersatz des hierdurch entstehenden Schadens verpflichtet.

(7) Die Wohnungseigentümer können die Regelung der Art und Weise von Zahlungen, der Fälligkeit und der Folgen des Verzugs sowie der Kosten für eine besondere Nutzung des gemeinschaftlichen Eigentums oder für einen besonderen Verwaltungsaufwand mit Stimmenmehrheit beschließen.

(8) Treffen die Wohnungseigentümer eine nach dem Gesetz erforderliche Maßnahme nicht, so kann an ihrer Stelle das Gericht in einem Rechtsstreit gemäß § 43 nach billigem Ermessen entscheiden, soweit sich die Maßnahme nicht aus dem Gesetz, einer Vereinbarung oder einem Beschluss der Wohnungseigentümer ergibt.

§ 22 Besondere Aufwendungen, Wiederaufbau

(1) Bauliche Veränderungen und Aufwendungen, die über die ordnungsmäßige Instandhaltung oder Instandsetzung des gemeinschaftlichen Eigentums hinausgehen, können beschlossen oder verlangt werden, wenn jeder Wohnungseigentümer zustimmt, dessen Rechte durch die Maßnahmen über das in § 14 Nr. 1 bestimmte Maß hinaus beeinträchtigt werden. Die Zustimmung ist nicht erforderlich, soweit die Rechte eines Wohnungseigentümers nicht in der in Satz 1 bezeichneten Weise beeinträchtigt werden.

(2) Maßnahmen gemäß Absatz 1 Satz 1, die der Modernisierung entsprechend § 559 Abs. 1 des Bürgerlichen Gesetzbuches oder der Anpassung des gemeinschaftlichen Eigentums an den Stand der Technik dienen, die Eigenart der Wohnanlage nicht ändern und keinen Wohnungseigentümer gegenüber anderen unbillig beeinträchtigen, können abweichend von Absatz 1 durch eine Mehrheit von drei Viertel aller stimmberechtigten Wohnungseigentümer im Sinne des § 25 Abs. 2 und mehr als der Hälfte aller Miteigentumsanteile beschlossen werden. Die Befugnis im Sinne des Satzes 1 kann durch

Vereinbarung der Wohnungseigentümer nicht eingeschränkt oder ausgeschlossen werden.

(3) Für Maßnahmen der modernisierenden Instandsetzung im Sinne des § 21 Abs. 5 Nr. 2 verbleibt es bei den Vorschriften des § 21 Abs. 3 und 4.

(4) Ist das Gebäude zu mehr als der Hälfte seines Wertes zerstört und ist der Schaden nicht durch eine Versicherung oder in anderer Weise gedeckt, so kann der Wiederaufbau nicht gemäß § 21 Abs. 3 beschlossen oder gemäß § 21 Abs. 4 verlangt werden.

§ 23 Wohnungseigentümerversammlung

(1) Angelegenheiten, über die nach diesem Gesetz oder nach einer Vereinbarung der Wohnungseigentümer die Wohnungseigentümer durch Beschluß entscheiden können, werden durch Beschlußfassung in einer Versammlung der Wohnungseigentümer geordnet.

(2) Zur Gültigkeit eines Beschlusses ist erforderlich, daß der Gegenstand bei der Einberufung bezeichnet ist.

(3) Auch ohne Versammlung ist ein Beschluß gültig, wenn alle Wohnungseigentümer ihre Zustimmung zu diesem Beschluß schriftlich erklären.

(4) Ein Beschluss, der gegen eine Rechtsvorschrift verstößt, auf deren Einhaltung rechtswirksam nicht verzichtet werden kann, ist nichtig. Im Übrigen ist ein Beschluss gültig, solange er nicht durch rechtskräftiges Urteil für ungültig erklärt ist.

§ 24 Einberufung, Vorsitz, Niederschrift

(1) Die Versammlung der Wohnungseigentümer wird von dem Verwalter mindestens einmal im Jahr einberufen.

(2) Die Versammlung der Wohnungseigentümer muß von dem Verwalter in den durch Vereinbarung der Wohnungseigentümer bestimmten Fällen, im übrigen dann einberufen werden, wenn dies schriftlich unter Angabe des Zweckes und der Gründe von mehr als einem Viertel der Wohnungseigentümer verlangt wird.

(3) Fehlt ein Verwalter oder weigert er sich pflichtwidrig, die Versammlung der Wohnungseigentümer einzuberufen, so kann die Versammlung auch, falls ein Verwaltungsbeirat bestellt ist, von dessen Vorsitzenden oder seinem Vertreter einberufen werden.

(4) Die Einberufung erfolgt in Textform. Die Frist der Einberufung soll, sofern nicht ein Fall besonderer Dringlichkeit vorliegt, mindestens zwei Wochen betragen.

(5) Den Vorsitz in der Wohnungseigentümerversammlung führt, sofern diese nichts anderes beschließt, der Verwalter.

(6) Über die in der Versammlung gefaßten Beschlüsse ist eine Niederschrift aufzunehmen. Die Niederschrift ist von dem Vorsitzenden und einem Wohnungseigentümer und, falls ein Verwaltungsbeirat bestellt ist, auch von dessen Vorsitzenden oder seinem Vertreter zu unterschreiben. Jeder Wohnungseigentümer ist berechtigt, die Niederschriften einzusehen.

(7) Es ist eine Beschluss-Sammlung zu führen. Die Beschluss-Sammlung enthält nur den Wortlaut

1. der in der Versammlung der Wohnungseigentümer verkündeten Beschlüsse mit Angabe von Ort und Datum der Versammlung,
2. der schriftlichen Beschlüsse mit Angabe von Ort und Datum der Verkündung und
3. der Urteilsformeln der gerichtlichen Entscheidungen in einem Rechtsstreit gemäß § 43 mit Angabe ihres Datums, des Gerichts und der Parteien,

soweit diese Beschlüsse und gerichtlichen Entscheidungen nach dem 1. Juli 2007 ergangen sind. Die Beschlüsse und gerichtlichen Entscheidungen sind fortlaufend einzutragen und zu nummerieren. Sind sie angefochten oder aufgehoben worden, so ist dies anzumerken. Im Falle einer Aufhebung kann von einer Anmerkung abgesehen und die Eintragung gelöscht werden. Eine Eintragung kann auch gelöscht werden, wenn sie aus einem anderen Grund für die Wohnungseigentümer keine Bedeutung mehr hat. Die Eintragungen, Vermerke und Löschungen gemäß den Sätzen 3 bis 6 sind unverzüglich zu erledigen und mit Datum zu versehen. Einem Wohnungseigentümer oder einem Dritten, den ein Wohnungseigentümer ermächtigt hat, ist auf sein Verlangen Einsicht in die Beschluss-Sammlung zu geben.

(8) Die Beschluss-Sammlung ist von dem Verwalter zu führen. Fehlt ein Verwalter, so ist der Vorsitzende der Wohnungseigentümerversammlung verpflichtet, die Beschluss-Sammlung zu führen, sofern die Wohnungseigentümer durch Stimmenmehrheit keinen anderen für diese Aufgabe bestellt haben.

§ 25 Mehrheitsbeschluß

(1) Für die Beschlußfassung in Angelegenheiten, über die die Wohnungseigentümer durch Stimmenmehrheit beschließen, gelten die Vorschriften der Absätze 2 bis 5.

(2) Jeder Wohnungseigentümer hat eine Stimme. Steht ein Wohnungseigentum mehreren gemeinschaftlich zu, so können sie das Stimmrecht nur einheitlich ausüben.

(3) Die Versammlung ist nur beschlußfähig, wenn die erschienenen stimmberechtigten Wohnungseigentümer mehr als die Hälfte der Miteigentumsanteile, berechnet nach der im Grundbuch eingetragenen Größe dieser Anteile, vertreten.

(4) Ist eine Versammlung nicht gemäß Absatz 3 beschlußfähig, so beruft der Verwalter eine neue Versammlung mit dem gleichen Gegenstand ein. Diese Versammlung ist ohne Rücksicht auf die Höhe der vertretenen Anteile beschlußfähig; hierauf ist bei der Einberufung hinzuweisen.

(5) Ein Wohnungseigentümer ist nicht stimmberechtigt, wenn die Beschlußfassung die Vornahme eines auf die Verwaltung des gemeinschaftlichen Eigentums bezüglichen Rechtsgeschäfts mit ihm oder die Einleitung oder Erledigung eines Rechtsstreits der anderen Wohnungseigentümer gegen ihn betrifft oder wenn er nach § 18 rechtskräftig verurteilt ist.

§ 26 Bestellung und Abberufung des Verwalters

(1) Über die Bestellung und Abberufung des Verwalters beschließen die Wohnungseigentümer mit Stimmenmehrheit. Die Bestellung darf auf höchstens fünf Jahre vorgenommen werden, im Falle der ersten Bestellung nach der Begründung von Wohnungseigentum aber auf höchstens drei Jahre. Die Abberufung des Verwalters kann auf das Vorliegen eines wichtigen Grundes beschränkt werden. Ein wichtiger Grund liegt regelmäßig vor, wenn der Verwalter die Beschluss-Sammlung nicht ordnungsmäßig führt. Andere Beschränkungen der Bestellung oder Abberufung des Verwalters sind nicht zulässig.

(2) Die wiederholte Bestellung ist zulässig; sie bedarf eines erneuten Beschlusses der Wohnungseigentümer, der frühestens ein Jahr vor Ablauf der Bestellungszeit gefaßt werden kann.

(3) Soweit die Verwaltereigenschaft durch eine öffentlich beglaubigte Urkunde nachgewiesen werden muß, genügt die Vorlage einer Niederschrift über den Bestellungsbeschluß, bei der die Unterschriften der in § 24 Abs. 6 bezeichneten Personen öffentlich beglaubigt sind.

§ 27 Aufgaben und Befugnisse des Verwalters

(1) Der Verwalter ist gegenüber den Wohnungseigentümern und gegenüber der Gemeinschaft der Wohnungseigentümer berechtigt und verpflichtet,
1. Beschlüsse der Wohnungseigentümer durchzuführen und für die Durchführung der Hausordnung zu sorgen;
2. die für die ordnungsmäßige Instandhaltung und Instandsetzung des gemeinschaftlichen Eigentums erforderlichen Maßnahmen zu treffen;
3. in dringenden Fällen sonstige zur Erhaltung des gemeinschaftlichen Eigentums erforderliche Maßnahmen zu treffen;
4. Lasten- und Kostenbeiträge, Tilgungsbeträge und Hypothekenzinsen anzufordern, in Empfang zu nehmen und abzuführen, soweit es sich um gemeinschaftliche Angelegenheiten der Wohnungseigentümer handelt;
5. alle Zahlungen und Leistungen zu bewirken und entgegenzunehmen, die mit der laufenden Verwaltung des gemeinschaftlichen Eigentums zusammenhängen;
6. eingenommene Gelder zu verwalten;
7. die Wohnungseigentümer unverzüglich darüber zu unterrichten, dass ein Rechtsstreit gemäß § 43 anhängig ist;
8. die Erklärungen abzugeben, die zur Vornahme der in § 21 Abs. 5 Nr. 6 bezeichneten Maßnahmen erforderlich sind.

(2) Der Verwalter ist berechtigt, im Namen aller Wohnungseigentümer und mit Wirkung für und gegen sie
1. Willenserklärungen und Zustellungen entgegenzunehmen, soweit sie an alle Wohnungseigentümer in dieser Eigenschaft gerichtet sind;
2. Maßnahmen zu treffen, die zur Wahrung einer Frist oder zur Abwendung eines sonstigen Rechtsnachteils erforderlich sind, insbesondere einen gegen die Wohnungseigentümer gerichteten Rechtsstreit gemäß § 43 Nr. 1, Nr. 4 oder Nr. 5 im Erkenntnis- und Vollstreckungsverfahren zu führen;

3. Ansprüche gerichtlich und außergerichtlich geltend zu machen, sofern er hierzu durch Vereinbarung oder Beschluss mit Stimmenmehrheit der Wohnungseigentümer ermächtigt ist;

4. mit einem Rechtsanwalt wegen eines Rechtsstreits gemäß § 43 Nr. 1, Nr. 4 oder Nr. 5 zu vereinbaren, dass sich die Gebühren nach einem höheren als dem gesetzlichen Streitwert, höchstens nach einem gemäß § 49a Abs. 1 Satz 1 des Gerichtskostengesetzes bestimmten Streitwert bemessen.

(3) Der Verwalter ist berechtigt, im Namen der Gemeinschaft der Wohnungseigentümer und mit Wirkung für und gegen sie

1. Willenserklärungen und Zustellungen entgegenzunehmen;

2. Maßnahmen zu treffen, die zur Wahrung einer Frist oder zur Abwendung eines sonstigen Rechtsnachteils erforderlich sind, insbesondere einen gegen die Gemeinschaft gerichteten Rechtsstreit gemäß § 43 Nr. 2 oder Nr. 5 im Erkenntnis- und Vollstreckungsverfahren zu führen;

3. die laufenden Maßnahmen der erforderlichen ordnungsmäßigen Instandhaltung und Instandsetzung gemäß Absatz 1 Nr. 2 zu treffen;

4. die Maßnahmen gemäß Absatz 1 Nr. 3 bis 5 und 8 zu treffen;

5. im Rahmen der Verwaltung der eingenommenen Gelder gemäß Absatz 1 Nr. 6 Konten zu führen;

6. mit einem Rechtsanwalt wegen eines Rechtsstreits gemäß § 43 Nr. 2 oder Nr. 5 eine Vergütung gemäß Absatz 2 Nr. 4 zu vereinbaren;

7. sonstige Rechtsgeschäfte und Rechtshandlungen vorzunehmen, soweit er hierzu durch Vereinbarung oder Beschluss der Wohnungseigentümer mit Stimmenmehrheit ermächtigt ist.

Fehlt ein Verwalter oder ist er zur Vertretung nicht berechtigt, so vertreten alle Wohnungseigentümer die Gemeinschaft. Die Wohnungseigentümer können durch Beschluss mit Stimmenmehrheit einen oder mehrere Wohnungseigentümer zur Vertretung ermächtigen.

(4) Die dem Verwalter nach den Absätzen 1 bis 3 zustehenden Aufgaben und Befugnisse können durch Vereinbarung der Wohnungseigentümer nicht eingeschränkt oder ausgeschlossen werden.

(5) Der Verwalter ist verpflichtet, eingenommene Gelder von seinem Vermögen gesondert zu halten. Die Verfügung über solche Gelder kann durch Vereinbarung oder Beschluss der Wohnungseigentümer mit Stimmenmehrheit von der Zustimmung eines Wohnungseigentümers oder eines Dritten abhängig gemacht werden.

(6) Der Verwalter kann von den Wohnungseigentümern die Ausstellung einer Vollmachts- und Ermächtigungsurkunde verlangen, aus der der Umfang seiner Vertretungsmacht ersichtlich ist.

§ 28 Wirtschaftsplan, Rechnungslegung

(1) Der Verwalter hat jeweils für ein Kalenderjahr einen Wirtschaftsplan aufzustellen. Der Wirtschaftsplan enthält:

1. die voraussichtlichen Einnahmen und Aus-

gaben bei der Verwaltung des gemeinschaftlichen Eigentums;

2. die anteilmäßige Verpflichtung der Wohnungseigentümer zur Lasten- und Kostentragung;

3. die Beitragsleistung der Wohnungseigentümer zu der in § 21 Abs. 5 Nr. 4 vorgesehenen Instandhaltungsrückstellung.

(2) Die Wohnungseigentümer sind verpflichtet, nach Abruf durch den Verwalter dem beschlossenen Wirtschaftsplan entsprechende
Vorschüsse zu leisten.

(3) Der Verwalter hat nach Ablauf des Kalenderjahrs eine Abrechnung aufzustellen.

(4) Die Wohnungseigentümer können durch
Mehrheitsbeschluß jederzeit von dem Verwalter Rechnungslegung verlangen.

(5) Über den Wirtschaftsplan, die Abrechnung
und die Rechnungslegung des Verwalters
beschließen die Wohnungseigentümer durch
Stimmenmehrheit.

§ 29 Verwaltungsbeirat

(1) Die Wohnungseigentümer können durch
Stimmenmehrheit die Bestellung eines Verwaltungsbeirats beschließen. Der Verwaltungsbeirat besteht aus einem Wohnungseigentümer als Vorsitzenden und zwei weiteren
Wohnungseigentümern als Beisitzern.

(2) Der Verwaltungsbeirat unterstützt den Verwalter bei der Durchführung seiner Aufgaben.

(3) Der Wirtschaftsplan, die Abrechnung über
den Wirtschaftsplan, Rechnungslegungen
und Kostenanschläge sollen, bevor über sie
die Wohnungseigentümerversammlung beschließt, vom Verwaltungsbeirat geprüft und
mit dessen Stellungnahme versehen werden.

(4) Der Verwaltungsbeirat wird von dem Vorsitzenden nach Bedarf einberufen.

4. Abschnitt
Wohnungserbbaurecht

§ 30

(1) Steht ein Erbbaurecht mehreren gemeinschaftlich nach Bruchteilen zu, so können
die Anteile in der Weise beschränkt werden,
daß jedem der Mitberechtigten das Sondereigentum an einer bestimmten Wohnung
oder an nicht zu Wohnzwecken dienenden
bestimmten Räumen in einem auf Grund des
Erbbaurechts errichteten oder zu errichtenden
Gebäude eingeräumt wird (Wohnungserbbaurecht, Teilerbbaurecht).

(2) Ein Erbbauberechtigter kann das Erbbaurecht in entsprechender Anwendung des § 8
teilen.

(3) Für jeden Anteil wird von Amts wegen ein
besonderes Erbbaugrundbuchblatt angelegt (Wohnungserbbaugrundbuch, Teilerb-
baugrundbuch). Im übrigen gelten für das
Wohnungserbbaurecht (Teilerbbaurecht) die
Vorschriften über das Wohnungseigentum
(Teileigentum) entsprechend.

II. Teil
Dauerwohnrecht

§ 31 Begriffsbestimmungen

(1) Ein Grundstück kann in der Weise belastet werden, daß derjenige, zu dessen Gunsten die Belastung erfolgt, berechtigt ist, unter Ausschluß des Eigentümers eine bestimmte Wohnung in einem auf dem Grundstück errichteten oder zu errichtenden Gebäude zu bewohnen oder in anderer Weise zu nutzen (Dauerwohnrecht). Das Dauerwohnrecht kann auf einen außerhalb des Gebäudes liegenden Teil des Grundstücks erstreckt werden, sofern die Wohnung wirtschaftlich die Hauptsache bleibt.

(2) Ein Grundstück kann in der Weise belastet werden, daß derjenige, zu dessen Gunsten die Belastung erfolgt, berechtigt ist, unter Ausschluß des Eigentümers nicht zu Wohnzwecken dienende bestimmte Räume in einem auf dem Grundstück errichteten oder zu errichtenden Gebäude zu nutzen (Dauernutzungsrecht).

(3) Für das Dauernutzungsrecht gelten die Vorschriften über das Dauerwohnrecht entsprechend.

§ 32 Voraussetzungen der Eintragung

(1) Das Dauerwohnrecht soll nur bestellt werden, wenn die Wohnung in sich abgeschlossen ist.

(2) Zur näheren Bezeichnung des Gegenstands und des Inhalts des Dauerwohnrechts kann auf die Eintragungsbewilligung Bezug genommen werden. Der Eintragungsbewilligung sind als Anlagen beizufügen:

1. eine von der Baubehörde mit Unterschrift und Siegel oder Stempel versehene Bauzeichnung, aus der die Aufteilung des Gebäudes sowie die Lage und Größe der dem Dauerwohnrecht unterliegenden Gebäude- und Grundstücksteile ersichtlich ist (Aufteilungsplan); alle zu demselben Dauerwohnrecht gehörenden Einzelräume sind mit der jeweils gleichen Nummer zu kennzeichnen;

2. eine Bescheinigung der Baubehörde, daß die Voraussetzungen des Absatzes 1 vorliegen. Wenn in der Eintragungsbewilligung für die einzelnen Dauerwohnrechte Nummern angegeben werden, sollen sie mit denen des Aufteilungsplans übereinstimmen. Die Landesregierungen können durch Rechtsverordnung bestimmen, dass und in welchen Fällen der Aufteilungsplan (Satz 2 Nr. 1) und die Abgeschlossenheit (Satz 2 Nr. 2) von einem öffentlich bestellten oder anerkannten Sachverständigen für das Bauwesen statt von der Baubehörde ausgefertigt und bescheinigt werden. Werden diese Aufgaben von dem Sachverständigen wahrgenommen, so gelten die Bestimmungen der Allgemeinen Verwaltungsvorschrift für die Ausstellung von Bescheinigungen gemäß § 7 Abs. 4 Nr. 2 und § 32 Abs. 2 Nr. 2 des Wohnungseigentumsgesetzes vom 19. März 1974 (BAnz. Nr. 58 vom 23. März 1974) entsprechend. In diesem Fall bedürfen die Anlagen nicht der Form des § 29 der Grundbuchordnung. Die Landesregierungen können die Ermächtigung durch Rechtsverordnung auf die Landesbauverwaltungen übertragen.

(3) Das Grundbuchamt soll die Eintragung des Dauerwohnrechts ablehnen, wenn über die in § 33 Abs. 4 Nr. 1 bis 4 bezeichneten Angelegenheiten, über die Voraussetzungen des Heimfallanspruchs (§ 36 Abs. 1) und über die Entschädigung beim Heimfall (§ 36 Abs. 4) keine Vereinbarungen getroffen sind.

§ 33 Inhalt des Dauerwohnrechts

(1) Das Dauerwohnrecht ist veräußerlich und vererblich. Es kann nicht unter einer Bedingung bestellt werden.

(2) Auf das Dauerwohnrecht sind, soweit nicht etwas anderes vereinbart ist, die Vorschriften des § 14 entsprechend anzuwenden.

(3) Der Berechtigte kann die zum gemeinschaftlichen Gebrauch bestimmten Teile, Anlagen und Einrichtungen des Gebäudes und Grundstücks mitbenutzen, soweit nichts anderes vereinbart ist.

(4) Als Inhalt des Dauerwohnrechts können Vereinbarungen getroffen werden über:
1. Art und Umfang der Nutzungen;
2. Instandhaltung und Instandsetzung der dem Dauerwohnrecht unterliegenden Gebäudeteile;
3. die Pflicht des Berechtigten zur Tragung öffentlicher oder privatrechtlicher Lasten des Grundstücks;
4. die Versicherung des Gebäudes und seinen Wiederaufbau im Falle der Zerstörung;
5. das Recht des Eigentümers, bei Vorliegen bestimmter Voraussetzungen Sicherheitsleistung zu verlangen.

§ 34 Ansprüche des Eigentümers und der Dauerwohnberechtigten

(1) Auf die Ersatzansprüche des Eigentümers wegen Veränderungen oder Verschlechterungen sowie auf die Ansprüche der Dauerwohnberechtigten auf Ersatz von Verwendungen oder auf Gestattung der Wegnahme einer Einrichtung sind die §§ 1049, 1057 des Bürgerlichen Gesetzbuchs entsprechend anzuwenden.

(2) Wird das Dauerwohnrecht beeinträchtigt, so sind auf die Ansprüche des Berechtigten die für die Ansprüche aus dem Eigentum geltenden Vorschriften entsprechend anzuwenden.

§ 35 Veräußerungsbeschränkung

Als Inhalt des Dauerwohnrechts kann vereinbart werden, daß der Berechtigte zur Veräußerung des Dauerwohnrechts der Zustimmung des Eigentümers oder eines Dritten bedarf. Die Vorschriften des § 12 gelten in diesem Fall entsprechend.

§ 36 Heimfallanspruch

(1) Als Inhalt des Dauerwohnrechts kann vereinbart werden, daß der Berechtigte verpflichtet ist, das Dauerwohnrecht beim Eintritt bestimmter Voraussetzungen auf den Grundstückseigentümer oder einen von diesem zu bezeichnenden Dritten zu übertragen (Heimfallanspruch). Der Heimfallanspruch kann nicht von dem Eigentum an dem Grundstück getrennt werden.

(2) Bezieht sich das Dauerwohnrecht auf Räume, die dem Mieterschutz unterliegen, so kann der Eigentümer von dem Heimfallanspruch nur Gebrauch machen, wenn ein Grund vorliegt, aus dem ein Vermieter die Aufhebung des Mietverhältnisses verlangen oder kündigen kann.

(3) Der Heimfallanspruch verjährt in sechs Monaten von dem Zeitpunkt an, in dem der Eigentümer von dem Eintritt der Voraussetzungen Kenntnis erlangt, ohne Rücksicht auf diese Kenntnis in zwei Jahren von dem Eintritt der Voraussetzungen an.

(4) Als Inhalt des Dauerwohnrechts kann vereinbart werden, daß der Eigentümer dem Berechtigten eine Entschädigung zu gewähren hat, wenn er von dem Heimfallanspruch Gebrauch macht. Als Inhalt des Dauerwohnrechts können Vereinbarungen über die Berechnung oder Höhe der Entschädigung oder die Art ihrer Zahlung getroffen werden.

§ 37 Vermietung

(1) Hat der Dauerwohnberechtigte die dem Dauerwohnrecht unterliegenden Gebäude- oder Grundstücksteile vermietet oder verpachtet, so erlischt das Miet- oder Pachtverhältnis, wenn das Dauerwohnrecht erlischt.

(2) Macht der Eigentümer von seinem Heimfallanspruch Gebrauch, so tritt er oder derjenige, auf den das Dauerwohnrecht zu übertragen ist, in das Miet- oder Pachtverhältnis ein; die Vorschriften der §§ 566 bis 566e des Bürgerlichen Gesetzbuchs gelten entsprechend.

(3) Absatz 2 gilt entsprechend, wenn das Dauerwohnrecht veräußert wird. Wird das Dauerwohnrecht im Wege der Zwangsvollstreckung veräußert, so steht dem Erwerber ein Kündigungsrecht in entsprechender Anwendung des § 57a des Gesetzes über die Zwangsversteigerung und die Zwangsverwaltung zu.

§ 38 Eintritt in das Rechtsverhältnis

(1) Wird das Dauerwohnrecht veräußert, so tritt der Erwerber an Stelle des Veräußerers in die sich während der Dauer seiner Berechtigung aus dem Rechtsverhältnis zu dem Eigentümer ergebenden Verpflichtungen ein.

(2) Wird das Grundstück veräußert, so tritt der Erwerber an Stelle des Veräußerers in die sich während der Dauer seines Eigentums aus dem Rechtsverhältnis zu dem Dauerwohnberechtigten ergebenden Rechte ein. Das gleiche gilt für den Erwerb auf Grund Zuschlages in der Zwangsversteigerung, wenn das Dauerwohnrecht durch den Zuschlag nicht erlischt.

§ 39 Zwangsversteigerung

(1) Als Inhalt des Dauerwohnrechts kann vereinbart werden, daß das Dauerwohnrecht im Falle der Zwangsversteigerung des Grundstücks abweichend von § 44 des Gesetzes über die Zwangsversteigerung und die Zwangsverwaltung auch dann bestehen bleiben soll, wenn der Gläubiger einer dem Dauerwohnrecht im Range vorgehenden oder gleichstehenden Hypothek, Grundschuld, Rentenschuld oder Reallast die Zwangsversteigerung in das Grundstück betreibt.

(2) Eine Vereinbarung gemäß Absatz 1 bedarf zu ihrer Wirksamkeit der Zustimmung derjenigen, denen eine dem Dauerwohnrecht im Range vorgehende oder gleichstehende Hypothek, Grundschuld, Rentenschuld oder Reallast zusteht.

(3) Eine Vereinbarung gemäß Absatz 1 ist nur wirksam für den Fall, daß der Dauerwohnberechtigte im Zeitpunkt der Feststellung der Versteigerungsbedingungen seine fälligen Zahlungsverpflichtungen gegenüber dem Eigentümer erfüllt hat; in Ergänzung einer Vereinbarung nach Absatz 1 kann vereinbart werden, daß das Fortbestehen des Dauerwohnrechts vom Vorliegen weiterer Voraussetzungen abhängig ist.

§ 40 Haftung des Entgelts

(1) Hypotheken, Grundschulden, Rentenschulden und Reallasten, die dem Dauerwohnrecht im Range vorgehen oder gleichstehen, sowie öffentliche Lasten, die in wiederkehrenden Leistungen bestehen, erstrecken sich auf den Anspruch auf das Entgelt für das Dauerwohnrecht in gleicher Weise wie auf eine Mietforderung, soweit nicht in Absatz 2 etwas Abweichendes bestimmt ist. Im übrigen sind die für Mietforderungen geltenden Vorschriften nicht entsprechend anzuwenden.

(2) Als Inhalt des Dauerwohnrechts kann vereinbart werden, daß Verfügungen über den Anspruch auf das Entgelt, wenn es in wiederkehrenden Leistungen ausbedungen ist, gegenüber dem Gläubiger einer dem Dauerwohnrecht im Range vorgehenden oder gleichstehenden Hypothek, Grundschuld,

Rentenschuld oder Reallast wirksam sind. Für eine solche Vereinbarung gilt § 39 Abs. 2 entsprechend.

§ 41 Besondere Vorschriften für langfristige Dauerwohnrechte

(1) Für Dauerwohnrechte, die zeitlich unbegrenzt oder für einen Zeitraum von mehr als zehn Jahren eingeräumt sind, gelten die besonderen Vorschriften der Absätze 2 und 3.

(2) Der Eigentümer ist, sofern nicht etwas anderes vereinbart ist, dem Dauerwohnberechtigten gegenüber verpflichtet, eine dem Dauerwohnrecht im Range vorgehende oder gleichstehende Hypothek löschen zu lassen für den Fall, daß sie sich mit dem Eigentum in einer Person vereinigt, und die Eintragung einer entsprechenden Löschungsvormerkung in das Grundbuch zu bewilligen.

(3) Der Eigentümer ist verpflichtet, dem Dauerwohnberechtigten eine angemessene Entschädigung zu gewähren, wenn er von dem Heimfallanspruch Gebrauch macht.

§ 42 Belastung eines Erbbaurechts

(1) Die Vorschriften der §§ 31 bis 41 gelten für die Belastung eines Erbbaurechts mit einem Dauerwohnrecht entsprechend.

(2) Beim Heimfall des Erbbaurechts bleibt das Dauerwohnrecht bestehen.

III. Teil
Verfahrensvorschriften

§ 43 Zuständigkeit

Das Gericht, in dessen Bezirk das Grundstück liegt, ist ausschließlich zuständig für

1. Streitigkeiten über die sich aus der Gemeinschaft der Wohnungseigentümer und aus der Verwaltung des gemeinschaftlichen Eigentums ergebenden Rechte und Pflichten der Wohnungseigentümer untereinander;
2. Streitigkeiten über die Rechte und Pflichten zwischen der Gemeinschaft der Wohnungseigentümer und Wohnungseigentümern;
3. Streitigkeiten über die Rechte und Pflichten des Verwalters bei der Verwaltung des gemeinschaftlichen Eigentums;
4. Streitigkeiten über die Gültigkeit von Beschlüssen der Wohnungseigentümer;
5. Klagen Dritter, die sich gegen die Gemeinschaft der Wohnungseigentümer oder gegen Wohnungseigentümer richten und sich auf das gemeinschaftliche Eigentum, seine Verwaltung oder das Sondereigentum beziehen;
6. Mahnverfahren, wenn die Gemeinschaft der Wohnungseigentümer Antragstellerin ist. Insoweit ist § 689 Abs. 2 der Zivilprozessordnung nicht anzuwenden.

§ 44 Bezeichnung der Wohnungseigentümer in der Klageschrift

(1) Wird die Klage durch oder gegen alle Wohnungseigentümer mit Ausnahme des Gegners erhoben, so genügt für ihre nähere Bezeichnung in der Klageschrift die bestimmte Angabe des gemeinschaftlichen Grundstücks;

wenn die Wohnungseigentümer Beklagte sind, sind in der Klageschrift außerdem der Verwalter und der gemäß § 45 Abs. 2 Satz 1 bestellte Ersatzzustellungsvertreter zu bezeichnen. Die namentliche Bezeichnung der Wohnungseigentümer hat spätestens bis zum Schluss der mündlichen Verhandlung zu erfolgen.

(2) Sind an dem Rechtsstreit nicht alle Wohnungseigentümer als Partei beteiligt, so sind die übrigen Wohnungseigentümer entsprechend Absatz 1 von dem Kläger zu bezeichnen. Der namentlichen Bezeichnung der übrigen Wohnungseigentümer bedarf es nicht, wenn das Gericht von ihrer Beiladung gemäß § 48 Abs. 1 Satz 1 absieht.

§ 45 Zustellung

(1) Der Verwalter ist Zustellungsvertreter der Wohnungseigentümer, wenn diese Beklagte oder gemäß § 48 Abs. 1 Satz 1 beizuladen sind, es sei denn, dass er als Gegner der Wohnungseigentümer an dem Verfahren beteiligt ist oder aufgrund des Streitgegenstandes die Gefahr besteht, der Verwalter werde die Wohnungseigentümer nicht sachgerecht unterrichten.

(2) Die Wohnungseigentümer haben für den Fall, dass der Verwalter als Zustellungsvertreter ausgeschlossen ist, durch Beschluss mit Stimmenmehrheit einen Ersatzzustellungsvertreter sowie dessen Vertreter zu bestellen, auch wenn ein Rechtsstreit noch nicht anhängig ist. Der Ersatzzustellungsvertreter tritt in die dem Verwalter als Zustellungsvertreter der Wohnungseigentümer zustehenden Aufgaben und Befugnisse ein, sofern das Gericht die

Zustellung an ihn anordnet; Absatz 1 gilt entsprechend.

(3) Haben die Wohnungseigentümer entgegen Absatz 2 Satz 1 keinen Ersatzzustellungsvertreter bestellt oder ist die Zustellung nach den Absätzen 1 und 2 aus sonstigen Gründen nicht ausführbar, kann das Gericht einen Ersatzzustellungsvertreter bestellen.

§ 46 Anfechtungsklage

(1) Die Klage eines oder mehrerer Wohnungseigentümer auf Erklärung der Ungültigkeit eines Beschlusses der Wohnungseigentümer ist gegen die übrigen Wohnungseigentümer und die Klage des Verwalters ist gegen die Wohnungseigentümer zu richten. Sie muss innerhalb eines Monats nach der Beschlussfassung erhoben und innerhalb zweier Monate nach der Beschlussfassung begründet werden. Die §§ 233 bis 238 der Zivilprozessordnung gelten entsprechend.

(2) Hat der Kläger erkennbar eine Tatsache übersehen, aus der sich ergibt, dass der Beschluss nichtig ist, so hat das Gericht darauf hinzuweisen.

§ 47 Prozessverbindung

Mehrere Prozesse, in denen Klagen auf Erklärung oder Feststellung der Ungültigkeit desselben Beschlusses der Wohnungseigentümer erhoben werden, sind zur gleichzeitigen Verhandlung und Entscheidung zu verbinden. Die Verbindung bewirkt, dass die Kläger der vorher selbständigen Prozesse als Streitgenossen anzusehen sind.

§ 48 Beiladung, Wirkung des Urteils

(1) Richtet sich die Klage eines Wohnungseigentümers, der in einem Rechtsstreit gemäß § 43 Nr. 1 oder Nr. 3 einen ihm allein zustehenden Anspruch geltend macht, nur gegen einen oder einzelne Wohnungseigentümer oder nur gegen den Verwalter, so sind die übrigen Wohnungseigentümer beizuladen, es sei denn, dass ihre rechtlichen Interessen erkennbar nicht betroffen sind. Soweit in einem Rechtsstreit gemäß § 43 Nr. 3 oder Nr. 4 der Verwalter nicht Partei ist, ist er ebenfalls beizuladen.

(2) Die Beiladung erfolgt durch Zustellung der Klageschrift, der die Verfügungen des Vorsitzenden beizufügen sind. Die Beigeladenen können der einen oder anderen Partei zu deren Unterstützung beitreten. Veräußert ein beigeladener Wohnungseigentümer während des Prozesses sein Wohnungseigentum, ist § 265 Abs. 2 der Zivilprozessordnung entsprechend anzuwenden.

(3) Über die in § 325 der Zivilprozessordnung angeordneten Wirkungen hinaus wirkt das rechtskräftige Urteil auch für und gegen alle beigeladenen Wohnungseigentümer und ihre Rechtsnachfolger sowie den beigeladenen Verwalter.

(4) Wird durch das Urteil eine Anfechtungsklage als unbegründet abgewiesen, so kann auch nicht mehr geltend gemacht werden, der Beschluss sei nichtig.

§ 49 Kostenentscheidung

(1) Wird gemäß § 21 Abs. 8 nach billigem Ermessen entschieden, so können auch die Prozesskosten nach billigem Ermessen verteilt werden.

(2) Dem Verwalter können Prozesskosten auferlegt werden, soweit die Tätigkeit des Gerichts durch ihn veranlasst wurde und ihn ein grobes Verschulden trifft, auch wenn er nicht Partei des Rechtsstreits ist.

§ 50 Kostenerstattung

Den Wohnungseigentümern sind als zur zweckentsprechenden Rechtsverfolgung oder Rechtsverteidigung notwendige Kosten nur die Kosten eines bevollmächtigten Rechtsanwalts zu erstatten, wenn nicht aus Gründen, die mit dem Gegenstand des Rechtsstreits zusammenhängen, eine Vertretung durch mehrere bevollmächtigte Rechtsanwälte geboten war.

§§ 51 und 52 (weggefallen)

§§ 53 bis 58 (weggefallen)

IV. Teil
Ergänzende Bestimmungen

§ 59 (weggefallen)

§ 60 (weggefallen)

§ 61

Fehlt eine nach § 12 erforderliche Zustimmung, so sind die Veräußerung und das zugrundeliegende Verpflichtungsgeschäft unbeschadet der sonstigen Voraussetzungen wirksam, wenn die Eintragung der Veräußerung oder einer Auflassungsvormerkung in das Grundbuch vor dem 15. Januar 1994 erfolgt ist und es sich um die erstmalige Veräußerung dieses Wohnungseigentums nach seiner Begründung handelt, es sei denn, daß eine rechtskräftige gerichtliche Entscheidung entgegensteht. Das Fehlen der Zustimmung steht in diesen Fällen dem Eintritt der Rechtsfolgen des § 878 Bürgerlichen Gesetzbuchs nicht entgegen. Die Sätze 1 und 2 gelten entsprechend in den Fällen der §§ 30 und 35 des Wohnungseigentumsgesetzes.

§ 62 Übergangsvorschrift

(1) Für die am 1. Juli 2007 bei Gericht anhängigen Verfahren in Wohnungseigentums- oder in Zwangsversteigerungssachen oder für die bei einem Notar beantragten freiwilligen Versteigerungen sind die durch die Artikel 1 und 2 des Gesetzes vom 26. März 2007 (BGBl. I S. 370) geänderten Vorschriften des III. Teils dieses Gesetzes sowie die des Gesetzes über die Zwangsversteigerung und die Zwangsver-

waltung in ihrer bis dahin geltenden Fassung weiter anzuwenden.

(2) In Wohnungseigentumssachen nach § 43 Nr. 1 bis 4 finden die Bestimmungen über die Nichtzulassungsbeschwerde (§ 543 Abs. 1 Nr. 2, § 544 der Zivilprozessordnung) keine Anwendung, soweit die anzufechtende Entscheidung vor dem 1. Juli 2012 verkündet worden ist.

§ 63 Überleitung bestehender Rechtsverhältnisse

(1) Werden Rechtsverhältnisse, mit denen ein Rechtserfolg bezweckt wird, der den durch dieses Gesetz geschaffenen Rechtsformen entspricht, in solche Rechtsformen umgewandelt, so ist als Geschäftswert für die Berechnung der hierdurch veranlaßten Gebühren der Gerichte und Notare im Falle des Wohnungseigentums ein Fünfundzwanzigstel des Einheitswerts des Grundstücks, im Falle des Dauerwohnrechts ein Fünfundzwanzigstel des Wertes des Rechts anzunehmen.

(2)

(3) Durch Landesgesetz können Vorschriften zur Überleitung bestehender, auf Landesrecht beruhender Rechtsverhältnisse in die durch dieses Gesetz geschaffenen Rechtsformen getroffen werden.

§ 64 Inkrafttreten

Dieses Gesetz tritt am Tage nach seiner Verkündung in Kraft.

Adressen

Verbraucher allgemein

**Verbraucherzentrale
Bundesverband e.V.**
Markgrafenstraße 66
10969 Berlin
Telefon: 0 30/2 58 00-0
Fax: 0 30/2 58 00-5 18
www.vzbv.de

Verbraucherzentralen

**Verbraucherzentrale
Baden-Württemberg e. V.**
Paulinenstraße 47
70178 Stuttgart
Telefon: 0 711/66 91 10
Fax: 07 11/66 91-50
www.vz-bawue.de

**Verbraucherzentrale
Bayern e. V.**
Mozartstraße 9
80336 München
Telefon: 0 89/5 39 87-0
Fax: 0 89/53 75 53
www.verbraucherzentrale-
bayern.de

**Verbraucherzentrale
Berlin e. V.**
Hardenbergplatz 2
10623 Berlin
Telefon: 0 30/2 14 85-0
Fax: 0 30/2 11 72 01
www.verbraucherzentrale-
berlin.de

**Verbraucherzentrale
Brandenburg e. V.**
Templiner Straße 21
14473 Potsdam
Telefon: 03 31/2 98 71-0
Fax: 03 31/2 98 71-77
www.vzb.de

**Verbraucherzentrale
des Landes Bremen e. V.**
Altenweg 4
28195 Bremen
Telefon: 04 21/1 60 77-7
Fax: 04 21/1 60 77 80
www.verbraucherzentrale-
bremen.de

**Verbraucherzentrale
Hamburg e. V.**
Kirchenallee 22
20099 Hamburg
Telefon: 0 40/2 48 32-0
Fax: 0 40/2 48 32-290
www.vzhh.de

**Verbraucherzentrale
Hessen e. V.**
Große Friedberger Straße 13–17
60313 Frankfurt/Main
Telefon: 0 69/97 20 10-0
Fax: 0 69/97 20 10-40
www.verbraucher-zentrale-
hessen.de

**Neue Verbraucherzentrale
in Mecklenburg und
Vorpommern e. V.**
Strandstraße 98
18055 Rostock
Telefon: 03 81/2 08 70 50
Fax: 03 81/2 08 70 30
www.nvzmv.de

**Verbraucherzentrale
Niedersachsen e. V.**
Herrenstraße 14
30159 Hannover
Telefon: 05 11/ 9 11 96-0
Fax: 05 11/9 11 96-10
www.verbraucherzentrale-
niedersachsen.de

**Verbraucherzentrale
Nordrhein-Westfalen e. V.**
Mintropstraße 27
40215 Düsseldorf
Telefon: 02 11/38 09-0
Fax: 02 11/38 09-172
www.vz-nrw.de

**Verbraucherzentrale
Rheinland-Pfalz e. V.**
Seppel-Glückert-Passage 10
55116 Mainz
Telefon: 0 61 31/28 48-0
Fax: 0 61 31/28 48-66
www.verbraucherzentrale-
rlp.de

**Verbraucherzentrale
des Saarlandes e. V.**
Trierer Straße 22
66111 Saarbrücken
Telefon: 06 81/5 00 89-0
Fax: 06 81/5 00 89-22
www.vz-saar.de

**Verbraucherzentrale
Sachsen e. V.**
Brühl 34–38
04109 Leipzig
Telefon: 03 41/69 62 90
Fax: 03 41/6 89 28 26
www.verbraucherzentrale-
sachsen.de

**Verbraucherzentrale
Sachsen-Anhalt e. V.**
Steinbockgasse 1
06108 Halle
Telefon: 03 45/2 98 03-29
Fax: 03 45/2 98 03-26
www.vzsa.de

**Verbraucherzentrale
Schleswig-Holstein e. V.**
Andreas-Gayk-Straße 15
24103 Kiel
Telefon: 04 31/5 90 99-0
Fax: 04 31/5 90 99-77
www.verbraucherzentrale-
sh.de

**Verbraucherzentrale
Thüringen e. V.**
Eugen-Richter-Straße 45
99085 Erfurt
Telefon: 03 61/5 55 14-0
Fax: 03 61/5 55 14-40
www.vzth.de

Weitere hilfreiche Adressen

**Verein Deutscher Wohnungs-
eigentümer e.V. (VDWE)**
Irmastraße 16
12683 Berlin
Tel. 0 30/51 48 88-0
Fax 0 30/51 48 88-78
info@vdwe.de
www.vdwe.de

**wohnen im eigentum.
die wohneigentümer e.V.**
Thomas-Mann-Straße 5
53111 Bonn
Tel. 02 28/30 41 26 70
Fax 02 28/7 21 58 73
info@wohnen-im-
eigentum.de
www.wohnen-im-
eigentum.de

**Haus & Grund Eigentümer-
schutz-Gemeinschaft**
Mohrenstraße 33
10117 Berlin
(Postfach 08 01 64,
10001 Berlin)
Tel. 0 30/2 02 16-0
Fax 0 30/2 02 16-555
zv@haus-und-grund.net
www.haus-und-grund.net

Register

Herausgeber

Verbraucherzentrale Nordrhein-Westfalen e.V.
Mintropstr. 27, 40215 Düsseldorf
Tel. 02 11/38 09-5 55
Fax 02 11/38 09-2 35
publikationen@vz-nrw.de
www.vz-nrw.de

Mitherausgeber
Verbraucherzentrale Bundesverband e.V. (vzbv)
Verbraucherzentrale Hamburg e.V.
Verbraucherzentrale Niedersachsen e.V.
(Adressen ⇢ Seite 168 f.)

Autor
Mascha Valentin

Lektorat
Kathrin Nick

Redaktion
Mendlewitsch + Meiser, Düsseldorf
www.mendlewitsch-meiser.de

Fachliche Beratung
Claus Mundorf, Elke Weidenbach

Umschlaggestaltung
Ute Lübbeke, www.LNT-design.de

Gestaltung
Kommunikationsdesign Petra Soeltzer, Düsseldorf
www.petrasoeltzer.de

Fotos
Cover: Artur Images, Felix Borkenau
Innenteil: Herzensart (S. 9, 37, 77, 93, 103, 113, 121, 141)

Druck und Verarbeitung
Stürtz GmbH, Würzburg

Dank an
Deutsche Annington
Rayermann Immobilien Management GmbH
Techem

Redaktionsschluss: Februar 2012

Noch Fragen?

Die Beratung der Verbraucherzentralen

Hoffentlich haben Ihnen die Informationen in diesem Ratgeber weitergeholfen. Wenn Sie noch Fragen haben ...
Die Expertinnen und Experten der Verbraucherzentrale beraten Sie individuell, kompetent und unabhängig:
- in Ihrer **Beratungsstelle** vor Ort,
- am **Telefon** oder
- im **Internet**.

! Wir beraten zum Beispiel zu:
- Banken und Geldanlagen
- Baufinanzierung
- Energie
- Ernährung
- Haushalt, Freizeit, Telekommunikation
- Kreditrecht, Schuldner- und Insolvenzverfahren
- Patientenrechte und Gesundheitsdienstleistungen
- Reiserecht
- Versicherungen

www.

Unter **www.verbraucherzentrale.de** finden Sie das vollständige Beratungsangebot in Ihrem Bundesland.

Oder Sie nehmen direkt Kontakt mit Ihrer Verbraucherzentrale auf: Die **Adressen** finden Sie auf Seite 168–169.

Nutzen Sie unser Beratungsangebot und treffen Sie mit unserer Unterstützung die richtigen Entscheidungen.
Wir sind für Sie da!

Hier können wir Ihnen nur eine kleine Auswahl aus unserem umfangreichen Ratgeberprogramm vorstellen. Mehr als 100 aktuelle Titel halten wir für Sie bereit. Auf Wunsch senden wir Ihnen gern ein Gesamtverzeichnis zu. Zu den genannten Preisen (Stand: Februar 2012) kommen noch Porto und Versandkosten.

Eigentumswohnung: Auswahl und Kauf

Auf dem Weg in die eigenen vier Wände gibt es viele Stolpersteine. Unser Ratgeber ist ein zuverlässiger Begleiter für alle, die Eigentum erwerben möchten – sei es gebraucht oder neu. Ob Suche, Kaufvertrag, Besichtigung des Objekts oder Finanzierung: Der Ratgeber gibt auf alle wichtigen Fragen praxisnahe Antworten.

2. Auflage 2012, 232 Seiten, 19,90 €

Die Baufinanzierung

Diese aktuelle Neuauflage ist unentbehrlich für alle, die in den eigenen vier Wänden wohnen wollen. Der Bestseller bietet das Know-how, das Bauherren brauchen, um sich im Konditionendschungel der Kreditinstitute zurechtzufinden und Finanzierungsangebote selbstständig vergleichen zu können. Mit Wohn-Riester – einem Baustein der Immobilienfinanzierung!

4. Auflage 2011, 176 Seiten, 14,90 €

Geldanlage ganz konkret

Banken und Finanzvertriebe waren leider in der Vergangenheit oft keine große Hilfe. Der Ratgeber bietet konkrete und vor allem unabhängige Hilfe bei der Geldanlage für alle, die sparen wollen. Ob mit großem oder kleinem Budget, ob sicher oder mit Anlagerisiken, ob staatlich oder betrieblich gefördert: Wer Bescheid weiß, macht mehr aus seinem Geld.

2. Auflage 2011, 256 Seiten, 9,90 €

Meine Rechte als Nachbar

Wer kennt nicht den Ärger mit Nachbarn. Lärm oder Unklarheiten beim Verlauf der Grundstücksgrenze führen häufig zum Streit. Das muss nicht sein. Der Ratgeber zeigt, wie sich Streitigkeiten in der Nachbarschaft beilegen lassen, welche Beeinträchtigungen man hinnehmen muss und wogegen man sich wehren kann. Eine große Hilfe bei Nachbarschaftskonflikten.

4. Auflage 2011, 240 Seiten, 11,90 €